L'INDO-CHINE

FRANÇAISE

POLITIQUE ET ADMINISTRATION

CONFÉRENCE

Faite à l'Association républicaine du Centenaire de 1789

PAR

M. J. HARMAND

Consul général de France, ancien commissaire général civil
au Tonkin et en Annam.

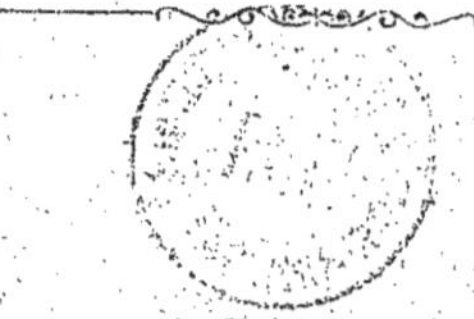

PARIS

IMPRIMERIE C. PARISET

101, RUE DE RICHELIEU, 101

1887

L'INDO-CHINE FRANÇAISE

POLITIQUE ET ADMINISTRATION

L'INDO-CHINE

FRANÇAISE

POLITIQUE ET ADMINISTRATION

CONFÉRENCE

Faite à l'Association républicaine du Centenaire de 1789

PAR

M. J. HARMAND

Consul général de France, ancien commissaire général civil
au Tonkin et en Annam.

PARIS

IMPRIMERIE C. PARISET

101, RUE DE RICHELIEU, 101

—

1887

L'INDO-CHINE FRANÇAISE

POLITIQUE ET ADMINISTRATION

Messieurs,

Je n'ai pas besoin d'insister sur la gravité du sujet qui va nous occuper. Tout le monde sait quelle est son importance, et l'histoire financière et parlementaire de ces dernières années, présente à tous les esprits, nous montre — indépendamment des difficultés inhérentes à toute grande entreprise coloniale — comment les affaires d'Indo-Chine peuvent retentir sur notre situation intérieure, et aussi, ne l'oublions jamais, sur notre politique extérieure en Europe.

Je ne voudrais pas aborder ici les vastes problèmes qui se rattachent — si intimement cependant — à la politique coloniale de la France, et je dois me restreindre à l'examen de la question d'Indo-Chine seule. Mais, pour répondre aux éternelles objections de l'esprit de parti, je suis obligé pourtant de rappeler en quelques mots aussi brefs que possible, quelle est, en quelque sorte la fatalité de notre situation géographique, qui nous a toujours obligés à poursuivre une double politique :

d'une part, militaire et continentale ; de l'autre, coloniale et maritime.

Toutes les volontés possibles, les intentions des gouvernements les plus divers, les programmes les plus opposés n'y pourront rien : de par notre situation géographique, nous verrons perpétuellement se renouveler l'histoire avec des incidents analogues. C'est là un fait primordial d'une haute importance, et si grands que soient les dangers dont nous sommes menacés du côté de nos frontières de l'Est, nous pourrons encore bien moins que par le passé, eu égard à notre état économique, résister au besoin d'expansion qui nous travaille.

Il faut donc prendre de grandes précautions pour éviter les malheurs qui ont caractérisé jusqu'ici notre histoire coloniale. Rappelons-nous que si nous avons perdu successivement nos colonies, c'est parce que nos forces et nos ressources se trouvant absorbées dans les luttes du continent, nous n'avons jamais su, pendant nos périodes de paix, accorder à nos colonies l'attention qu'elles méritaient ; que, regardant toujours ces établissements lointains comme secondaires dans notre politique générale, nous avons négligé de leur donner, quand nous le pouvions, une organisation assez puissante, assez libre et assez élastique pour leur permettre de résister victorieusement et d'eux-mêmes aux attaques d'un ennemi européen.

Il nous est donc commandé par une si fâcheuse expérience, d'abandonner le système faux qui nous a si mal réussi autrefois, et de chercher une combinaison différente de toutes celles que nous avons essayées jusqu'ici, telle que nos colonies puissent en temps de guerre continentale se passer de l'aide de la métropole. Que dis-je ! Il faut que ces colonies non seulement puissent se suffire à elles-mêmes, militairement et administrativement, en cas de guerre européenne : il faut encore et surtout que, bien loin d'être, comme elles l'ont toujours été, une cause de dépenses et d'affaiblissement, et de constituer un danger toujours suspendu sur nos têtes et comme un boulet que nous traînons au pied, elles deviennent au contraire pour notre patrie une source d'accroissement de puissance politique, financière, militaire et navale.

Pour en arriver là, il n'y a qu'un seul procédé : *la liberté*. C'est-à-dire que le véritable idéal que nous devons poursuivre en matière coloniale, consiste à dégager nos colonies du gouvernement dispendieux des bureaux et des ministères incompétents, et à laisser à chaque colonie la plus grande somme d'autonomie — notamment d'autonomie financière et administrative — qui soit compatible avec sa dépendance vis-à-vis de la Métropole.

Et cela est vrai, surtout de deux grandes possessions ou groupes de possessions, qui méritent en ce moment de fixer notre attention d'une manière toute particulière : Je veux parler de l'Afrique du Nord et de l'Indo-Chine. Par le nombre et les qualités des populations indigènes qui les habitent, par la richesse de leurs productions, par leur situation exceptionnellement heureuse sur les deux mers les plus importantes de l'ancien monde, mers sur lesquelles se joueront probablement les destinées dernières de l'Europe, l'Algérie et la Tunisie d'une part, l'Indo-Chine de l'autre, acquièrent pour la France une utilité incomparable, qu'il faut prévoir de loin, qu'il faut comprendre dès aujourd'hui et développer le plus rapidement possible.

J'insiste sur la rapidité avec laquelle il faut agir. Notre situation en Europe nous impose, en effet, comme un devoir des plus pressants, de terminer rapidement la période de conquête et d'organisation, en portant tous nos soins et toute notre attention surtout sur celles de nos colonies qui sont les plus éloignées et les plus exposées, et il faut avouer, en ce qui concerne l'Indo-Chine, que nous sommes bien grandement coupables, près de trente années après l'occupation de Saigon, d'en être encore à la période des tâtonnements. Cette période a été d'ailleurs accompagnée de fautes innombrables, que nous aurions pu facilement éviter si nous avions fait preuve d'un peu moins d'ignorance et de légèreté, si nous avions su tirer de notre conquête même de Cochinchine les enseignements variés qu'elle comporte, et si, au lieu de marcher à l'aventure, nous avions eu devant les yeux un but défini et un plan bien arrêté.

Pour vous démontrer la vérité de cette assertion et vous expliquer en même temps le développement de nos entreprises en Indo-Chine orientale, je suis obligé de revenir d'une trentaine d'années en arrière, au moment où l'amiral Rigault de Genouilly se trouvait à Tourane, à la tête d'une escadre et d'un corps de débarquement franco-espagnol.

De l'origine et des causes assez mal définies, du reste, de cette expédition, je ne dirai que peu de mots. On sait que le gouvernement de Napoléon III, après avoir entrepris déjà la guerre de Crimée pour le compte de l'Angleterre et pour se faire accepter des vieilles familles régnantes de l'Europe, venait de faire, pour le compte de l'Angleterre encore, la guerre de Chine. Nos troupes se trouvant en partie disponibles, on songea à les utiliser, sous le prétexte de châtier le gouvernement annamite, qui avait fait massacrer plusieurs missionnaires français et espagnols, et pour complaire à quelques pieuses personnes de l'entourage de l'impératrice. Tel était le but ostensible de l'expédition, qui devait aussi sans doute servir à donner certaines satisfactions à la marine, encore médiocrement disposée à l'égard du régime impérial. Mais ce qui est certain, c'est qu'en allant porter la guerre sur les côtes annamites, le gouvernement n'avait aucunement l'ambition préconçue de conquérir le royaume ou une partie quelconque du royaume. Nous débarquions en Annam, sans aucune ligne de conduite arrêtée d'avance, uniquement peut-être avec l'arrière-pensée nébuleuse de fonder à Tourane un comptoir, appuyé d'une station navale. On n'avait fait aucune étude du pays ; on ne savait rien de ses habitants, de leurs mœurs, de leur caractère, et l'on ne se rendait compte en aucune façon des conséquences immédiates et lointaines d'une intervention armée. La marine ne voyait pas du tout qu'intervenir militairement en Annam, pour nous emparer d'un point sur la côté, c'était, à bref délai, nous trouver contraints de nous étendre et, en dernière analyse, de conquérir le royaume d'Annam tout entier, depuis la Chine jusqu'au Cambodge.

Quoi qu'il en soit, l'amiral Rigault de Genouilly, après avoir guerroyé inutilement au fond d'une rade qui n'aboutissait nulle part, après avoir vu ses troupes décimées par une grave épidémie de choléra, n'osant prendre sur lui la détermination énergique qui nous aurait dès lors donné un empire colonial sans nous exposer à une guerre avec la Chine, c'est-à-dire de marcher sur Hué et de s'en emparer, se trouvait dans un grand embarras et ne savait comment sortir houorablement d'une situation compromise. C'est alors que, par l'effet d'un hasard complet et sur de vagues rapports de missionnaires et de quelques-uns de ses officiers, qui lui avaient vanté la position de Saigon, il rembarqua son monde, fit route vers les bouches du Mé-Không, enleva en quelques jours les défenses de la rivière de Saigon, et cette place elle-même, dont les immenses approvisionnements furent livrés aux flammes.

Nous voici donc arrivés en Basse-Cochinchine. Cette fois, qu'allions-nous faire? Quelles résolutions allions-nous prendre? Eh bien! nous n'en prîmes aucune, si ce n'est de nous maintenir sur les positions conquises, en attendant les événements.

. . . .

La promptitude de cette conquête, qui manquait de bases, laissait le vainqueur dans l'incertitude de sa conquête même. Sans ordres du ministère, il devait attendre des renforts et des instructions, qui ne venaient pas. L'absence de plan préconçu, qui nous avait fait attaquer Tourane, puis Saigon, à l'aventure, au hasard des circonstances, allait nous plonger dans des embarras sans nombre, et, pour tout dire, dans un gâchis qui devait se prolonger pendant plusieurs années.

Bientôt, avec des forces insuffisantes, échoués dans un milieu que nous ignorions profondément, nous sommes bloqués dans la ville même de Saigon, entourée rapidement de fortifications très étendues et d'une nombreuse armée annamite : d'assiégeants nous devenions assiégés.

Ces fortifications furent enlevées, et l'armée annamite battue et dispersée à la bataille de Ki-Hoa, fait d'armes glorieux pour notre petit corps expéditionnaire. C'est alors que les résultats de notre action auraient dû commencer à apparaitre aux yeux les moins prévenus, si depuis le règne de Louis XV et l'époque de Dupleix nous n'avions désappris les lois qui régissent de la manière la plus inflexible les entreprises des conquérants, surtout quand ces conquérants appartiennent à une race et à un degré de civilisation supérieurs, et quand vainqueurs et vaincus sont aussi éloignés les uns des autres que les Français et les Annamites.

L'idée de la marine s'était seulement développée dans une certaine mesure, et elle admettait dès lors la nécessité de former à Saigon un arsenal plus ou moins important, arsenal que Guizot et plusieurs hommes d'État de son temps avaient indiqué comme indispensable à la France dans les mers de Chine. La conception d'un établissement colonial étendu n'apparaissait encore bien clairement à personne, ni en Indo-Chine, ni dans les conseils de l'empereur : ce sont les événements qui nous ont portés, ce n'est pas nous qui les avons fait naître. La Cochinchine française s'est faite d'elle-même; de même, on peut le dire, l'Indo-Chine française est en voie de se faire toute seule, sortie du premier coup de canon tiré contre la citadelle de Saigon.

C'est qu'en effet nous nous étions attaqués à une nation des plus remarquables. La race annamite se distingue de toutes les races asiatiques par une particularité sur laquelle j'appelle l'attention depuis de longues années, et qui n'est pas simplement intéressante au point de vue scientifique, mais qui présente encore, sous le rapport politique, une importance de premier ordre : c'est son extrême homogénéité. Cette homogénéité doit déterminer la conduite que nous avons à suivre à son égard, aujourd'hui que les hasards de notre politique nous ont amenés à accaparer sa direction, en nous mettant en face de devoirs d'une gravité imposante, devant lesquels il ne nous est plus permis de reculer sans déshonneur.

Cette nation annamite, en effet, partie des confins de la Chine et du Thibet, et de cette région même qu'une diplomatie imprudente ou mal renseignée voulait lui ravir au profit de la Chine, était conquérante elle-même, et depuis de longs siècles, lorsque nous sommes venus la combattre. Elle avait accompli la plus grande partie de son expansion, et c'est même en pleine expansion que nous l'avons arrêtée; car la Basse-Cochinchine n'est qu'une colonie récente et une conquête d'hier des Annamites sur les Cambodgiens. Mais pour arriver au Cambodge, elle avait dû traverser, vaincre et le plus souvent détruire ou absorber, allant toujours en grandissant, des populations très variées, s'établissant au Tonkin actuel d'abord, puis dans l'Annam; enfin, après avoir refoulé les Cambodgiens, elle se trouvait aux prises avec le Siam, qu'elle aurait, pour moi, infailliblement fini par vaincre, si nous n'étions venus imposer le recueillement à ces rivalités. Pendant cette longue marche *historique*, elle a subi pendant une période totale de plus de mille ans la domination chinoise, et malgré tous les mélanges de sangs divers, résultat forcé de son développement si remarquable, — chinois, malais, thaï, khmer, sauvage, etc., — elle a su maintenir victorieusement une unité telle, qu'il est impossible, à moins d'avoir des intérêts spéciaux à soutenir le contraire, de distinguer aujourd'hui l'Annamite du Tonkin de celui de l'Annam ou de la Cochinchine. C'est le même homme, de la frontière de Chine à celle du Siam.

Il n'entre pas dans mon programme de vous entretenir des raisons d'ordre ethnologique qui expliquent cette qualité si exceptionnelle, pas plus que je ne veux vous parler du type physique de la race annamite, bien connu aujourd'hui, vulgarisé par les journaux et les livres illustrés. Mais il importe d'attirer l'attention sur certains caractères moraux de l'Annamite. Il possède au plus haut degré une sorte de conscience nationale qui lui tient lieu de patriotisme, qui ne pourrait même se distinguer de ce sentiment que par une analyse phsychologique subtile, et en remplit exactement le rôle. Il a ce que j'appellerais volontiers le *sens de la race*. C'est ce qui fait que la distinction qui s'est établie entre Annamites et Tonkinois est une erreur grave, pesant d'un poids très lourd sur notre politique, et c'est aussi ce qui fait que notre tâche en Indo-Chine est bien différente de celle des Anglais dans l'Inde, dans cet immense pays où pullulent les races diverses et les religions, où l'on ne rencontre aucun esprit de nationalité, où chaque village même est divisé en castes ennemies les unes des autres, et où la société civile en est restée à la période théocratique.

L'Annamite n'est pas seulement remarquable par son uniformité ethnique, par l'unité de sa langue, de ses mœurs et de ses usages, à peine influencée même par des dissemblances de climat assez prononcées : il faut encore faire attention à son unité politique. Depuis les frontières de Chine jusqu'à celles du Siam, il obéit exactement aux mêmes lois, et s'il existe quelques dissentiments entre les Annamites du Centre et ceux du Nord, ils sont beaucoup plus apparents que réels, ainsi, du reste, que nous l'a montré l'histoire de ces dernières années. Cette race a fini par se constituer d'une manière très particulière en une fédération de petites républiques oligarchiques, sous le gouvernement d'un roi qui ne garde plus aujourd'hui qu'une sorte de caractère rituel et sacré, son autorité ayant de plus en plus passé de ses mains au pouvoir d'une aristocratie spéciale, celle des *lettrés*.

En résumé, l'organisation politique des Annamites repose sur deux pôles, qui sont la province et le village.

La province, c'est le rouage imposé par le gouvernement, et j'en dirai quelques mots plus loin. Mais c'est le village qui constitue la véritable originalité du système annamite; nous ne devons et ne pouvons y changer que bien peu de chose, et, par les conséquences qui découlent de cette organisation vis-à-vis du conquérant, c'est la connaissance du village qui nous importe le plus.

Le village forme une petite république oligarchique, sorte de municipe composé des notables élus; des *inscrits* ou citoyens actifs, c'est-à-dire ceux qui possèdent, sont électeurs et éligibles, jouissent de certains privilèges et de certaines charges, et des *non inscrits*, dont la condition est très voisine du servage. La commune peut posséder, acquérir, aliéner; elle est très jalouse de ses droits et de sa liberté; le pouvoir central n'intervient pas dans son administration intérieure; les impôts se paient par village et non par tête, et les mandarins provinciaux, du moins en matière d'impôts, ne connaissent que le village et non les individus.

Au-dessus du village se trouve le canton *(tông)* et la sous-préfecture, ou plutôt le bailliage *(huyen)*, dernière catégorie de la véritable hiérarchie des mandarins proprement dits, nommés après concours par le gouvernement central, le *tông* ou chef de canton étant encore nommé à l'élection par un certain nombre de villages.

Dans la hiérarchie mandarine, il faut distinguer : 1º les mandarins provinciaux, qui sont, de bas en haut, les *huyens*, les *phus* (préfets), et les grands mandarins de la province réunis au nombre de quatre ou cinq, avec leurs services respectifs, les magasins et arsenaux, le trésor, les prisons, etc., dans une enceinte fortifiée d'un développement souvent considérable, et qui n'est point faite contre l'ennemi du dehors, mais bien contre les insurrections du dedans; 2º à Hué, les mandarins de la cour, très nombreux, et dont je vous épargnerai la nomenclature aride et minutieuse.

Tous ces fonctionnaires sont nommés au concours, c'est-à-dire — au moins en théorie — au mérite ou ce que l'on regarde comme le *criterium* du mérite, car les examens roulent sur des matières qui indiquent sans doute une certaine culture intellectuelle,—par exemple, l'histoire, la poésie, la philosophie chinoises , — mais qui n'ont pour la plupart aucune portée pratique.

Il va sans dire que la faveur joue dans ces concours un rôle qui n'est pas sans importance, et que la plupart du temps, les lettrés se succèdent de père en fils dans les fonctions de l'État ; car, dans ces sociétés asiatiques, il est rare que le fils cherche à s'élever beaucoup au-dessus de la situation légale du père. Les lettrés ont donc fini par former une véritable caste, qui a conquis, depuis surtout la mort du grand empereur Gia-Long, c'est-à-dire depuis le commencement du siècle, des privilèges abusifs qu'elle défend avec acharnement contre l'autorité royale. Celle-ci, tombée depuis Gia-Long en des mains de plus en plus faibles, a vu son rôle se réduire progressivement, au point de n'être plus aujourd'hui qu'une sorte d'effigie hiératique, restée cependant comme l'incarnation des souvenirs et des ambitions de toute la race, et qui, à ce titre, mérite que nous la respections. Elle peut même, entre des mains habiles se substituant à l'entourage des lettrés, nous être d'un grand secours dans l'accomplissement de la grande œuvre qui nous est échue et que nous ne pouvons plus répudier.

Tous ces mandarins exercent leurs fonctions sans recevoir de traitement — ou du moins ce traitement est si faible qu'il vaut mieux ne pas en parler — suivant un système qui ne devrait pas nous étonner autant qu'il le fait d'ordinaire, car il n'y a pas si longtemps qu'en France même, tous les grands officiers de la couronne, délégués aux gouvernements provinciaux, étaient, tout comme les mandarins annamites, autorisés tacitement à se payer eux-mêmes sur les populations dont ils obtenaient le gouvernement, grâce à leurs influences de famille ou même à beaux deniers comptants. Car c'est nécessairement à la concussion qu'aboutit un pareil système, comme dans le gouvernement chinois, du reste prototype de l'organisation annamite, tout comme encore dans les proconsulats de Rome.

Je ne veux pas m'appesantir davantage sur ces considérations, qui m'entraîneraient évidemment beaucoup trop loin. Ce qu'il importe seulement de retenir, c'est qu'il y a incompatibilité manifeste et radicale entre notre système administratif et celui des mandarins, et que si nous voulons — ainsi que cela nous est commandé par la moralité politique et les conceptions modernes du gouvernement — faire profiter de notre domination le peuple subjugué, il nous faut nécessairement chercher et trouver des moyens politiques, c'est-à-dire les moins injustes et les moins despotiques possibles, pour nous passer rapidement de l'intermédiaire de ces mandarins, au moins pour le gouvernement des provinces, en n'utilisant ceux d'entre eux qui nous paraîtront les meilleurs que pour des fonctions subalternes, sous la direction immédiate de nos propres administrateurs.

Ces détails préliminaires connus, et il m'était indispensable de vous les faire connaître pour la suite de cet exposé, je reviens à la situation qui nous fut faite après la bataille de Ki-Hoa. Il fallut achever la dispersion de l'armée annamite, et dans ce but nous écarter de Saigon dans un rayon fort étendu, garder les points stratégiques occupés, et enfin, toutes les autorités indigènes ayant fui, assumer l'administration de toute la province de Saigon. Mais ce ne pouvait être qu'un commencement : la résistance s'organisa de nouveau en dehors de nos postes; l'anarchie s'étendit sur tout le pays, et nous vîmes une forme de rébellion, qui semble particulière en tous temps et en tous lieux à ce degré de civilisation, s'emparer de toute la région que nous pensions avoir militairement conquise : C'est ce que nous, Français, appelons très improprement la *piraterie*, ce que les Anglais de l'Inde désignent sous le nom de *dacoïtisme*, et nous fûmes *forcés* d'occuper successivement les autres provinces de My-Tho, de Bien-Hoa et de Vinh-Long ; cette dernière, rendue un peu plus tard aux Annamites, fut reprise en 1867.

C'est alors que s'agitèrent en France les idées les plus singulières, les plus étonnantes. Pendant cinq ou six ans, nous avons passé notre temps à chercher ce que nous voulions faire en Cochinchine, et tous les ans, le conseil des ministres mettait en délibération le rappel de nos troupes et de nos navires et l'abandon de notre conquête, pendant que les malheureuses populations annamites souffraient de maux qui dépassent l'imagination.

Qu'on ne suppose pas, toutefois, que de pareilles tergiversations fussent la conséquence des difficultés de cette conquête. car celle-ci était faite. C'était simplement le résultat des erreurs au milieu desquelles nous nous débattons aujourd'hui dans le reste de l'Indo-Chine, et qui pesaient sur l'esprit de nos hommes d'Etat. C'était des résolutions claires, qui nous faisaient défaut. Les uns s'en tenaient encore à l'idée de l'occupation d'un seul point pour en faire une station navale ; les autres préconisaient la fondation d'un établissement qui aurait compris Saigon et My-Tho, avec une bande de terrain le long des rivières, etc., etc. Mais un point qui n'est ni un rocher isolé comme Gibraltar, ni un promontoire volcanique entouré de sables comme Aden, ne peut se conserver sans luttes ni contestations, quand on est en présence d'un empire compact de 15,000,000 d'habitants, et il est évident que le problème était mal posé. Nous pûmes constater une fois de plus — et c'est ce que nous avons fait pendant de longues années — qu'un conquérant *ne peut pas* s'arrêter ; qu'il doit sans cesse, pour assurer sa conquête, marcher en avant, jusqu'à la rencontre d'une *frontière scientifique*, et tout en conquérant, organiser ses acquisitions pour ne pas les rendre onéreuses et pour obéir à cette loi morale qui lui impose l'obligation de protéger les intérêts et le commerce du peuple conquis en lui donnant la sécurité.

Au milieu de tous ces donneurs de conseils, il ne faut pas oublier ceux qui proposaient purement et simplement l'abandon de la petite possession nouvelle. L'Empire, embarqué dans une entreprise infiniment plus discutable, celle du Mexique, menée du reste de la même façon, c'est-à-dire sans aucun plan politique raisonnable, n'était que trop enclin à les écouter.

En un mot, la situation d'alors rappelait trait pour trait ce qui s'est passé sous Louis XV à l'égard de l'Inde ; ce qui s'est passé sous la monarchie de Juillet à l'égard de l'Algérie ; car, pendant vingt ans, une nation comme la nôtre, intelligente pourtant,

s'est répétée : « Gardons-nous l'Algérie? L'évacuons-nous? »
Et il ne faut pas s'étonner outre mesure de ces indécisions. Le
développement de notre commerce exotique est trop restreint,
nos intérêts généraux au dehors trop mal connus et trop mal
compris pour qu'il se forme dans le pays un courant d'opinion
assez fort et assez éclairé pour soutenir le gouvernement. Combien différente est la situation de l'Angleterre en matière coloniale! Tout le monde, en Angleterre, ne connaît pas l'empire
colonial, mais presque tout le monde s'y intéresse, parce que
presque tout le monde y possède des intérêts, directs ou indirects, matériels ou moraux.

Enfin, le hasard encore — car, heureusement pour la France,
le hasard lui est aussi quelquefois propice — le hasard fit qu'un
tour de service désignât pour le commandement en chef en
Cochinchine, un homme qui n'a point fait grand bruit, qui n'a
pas cherché à remporter de gros succès militaires, mais dont le
nom mérite cependant d'être honoré de tous les Français sou-
cieux de la gloire et de la dignité nationales. Je veux parler de
l'amiral de la Grandière. Il comprit, lui, quel régime il fallait
appliquer à ce pays annamite. Rompant avec les errements de
ses prédécesseurs, et bien que militaire et marin, il dota la
Cochinchine d'une organisation purement civile, d'administrateurs propres à la possession, relégua dans l'oubli le système
de protectorat de l'amiral Bonard, et enfin, en 1867, ayant su
prévoir à l'avance la nécessité inévitable qui s'imposait à nous,
ayant préparé ses dispositions en conséquence, il s'empara,
sans coup férir, des trois provinces occidentales de la Basse-
Cochinchine. Quelques semaines après l'occupation, un Européen isolé pouvait y circuler partout avec la plus entière sécurité.

Secondé de la façon la plus méritoire par M. Vial, hier encore
résident supérieur au Tonkin, et aux services dévoués duquel
je suis heureux de pouvoir rendre un public hommage, il sut
imposer aux fonctionnaires civils et militaires une stricte éco-
nomie, et c'est de cette époque que date réellement la Cochin-

chine : c'est à partir de ce moment que ses budgets, symbole évident de sa tranquillité intérieure et de l'augmentation de la fortune et du bien-être des indigènes, croissent avec une rapidité merveilleuse, suivant une progression dont il est bon de vous faire connaître les termes précis :

Années	1865......	3.979.500 fr.	Années	1877......	13.870.100 fr.
—	1866......	4.541.500	—	1878......	14.311.000
—	1867......	5.375.000	—	1879......	19.381.100
—	1868......	7.310.000	—	1880......	18.501.300
—	1869......	7.770.000	—	1881......	18.611.400
—	1870......	8.658.300	—	1882......	22.831.000
—	1871......	10.174.000	—	1883......	25.130.000
—	1872......	12.583.400	—	1884......	27.500.000
—	1873......	12.187.200	—	1885......	28.000.000
—	1874......	12.943.900			
—	1875......	13.613.900			
—	1876......	13.877.100			

Aujourd'hui, 35.000.000 environ, en y comprenant les budgets d'arrondissements.

Voilà ce qu'une administration sage a su faire d'un pays qui était incapable, avant notre arrivée, de fournir au trésor royal plus de 1,500,000 francs.

L'expérience est faite. Le pays que nous avons à organiser au nord de la presqu'île d'Indo-Chine est exactement pareil, au point de vue administratif, à celui du sud, et nous n'avons qu'à y opérer d'une manière analogue.

Sans doute, la Cochinchine n'est pas parfaite ; parmi tant de choses excellentes, il y en a quelques-unes à modifier, notamment la complication apportée par certains gouverneurs dans des rouages qui doivent être très simples. Mais, d'une manière générale, on peut s'inspirer de ce qui y existe, en la débarrassant, au profit du Tonkin et de l'Annam, de beaucoup de fonctionnaires inutiles et en reconstituant d'une manière solide le corps spécial des administrateurs des affaires indigènes.

Mais, désireux de poursuivre, il me reste à démontrer qu'après nous être définitivement installés en Basse-Cochinchine, notre situation vis-à-vis de l'Annam était restée quand même tout à fait précaire. En dépit de notre administration, qui étendait sur notre territoire une surveillance active, mais ne pouvait faire que son action dépassât les limites de nos provinces, nos populations continuaient à être travaillées sourdement par les émissaires de la cour de Hué et par les anciennes familles des lettrés dépossédés de leurs postes lucratifs. Il était impossible à la cour et aux mandarins de se résigner à admettre le fait accompli. Avec son orgueil asiatique et son ignorance des choses du dehors, cette *camarilla* conservait avec une obstination tenace, malgré les divers traités passés avec elle, l'espoir de nous chasser de Saigon. L'empereur Tu-Duc, notamment, ainsi qu'en témoignent plusieurs documents officiels, a gardé jusqu'à son dernier jour, jusqu'à sa dernière heure, la conviction qu'il saurait restaurer « l'œuvre amoindrie de ses ancêtres », ainsi qu'il l'écrivait lui-même à l'un de nos agents. Et toute la race annamite gardait au fond du cœur le même sentiment.

En réalité, nous ne pouvions pas jouir en Cochinchine d'une paix complète, et à chaque instant surgissaient des incidents plus ou moins graves, que toute notre prudence, toute la circonspection qui nous était imposée par la pénible situation que nous avait faite la guerre de 1870-71 ne pouvaient indéfiniment conjurer. Si les événements qui nous ont appelés au Tonkin en 1873, avec Garnier, ne s'étaient pas produits, nous eussions infailliblement, quelques mois plus tard, été forcés d'intervenir sur quelque autre point, et notre histoire indo-chinoise eût été la même; peut-être le développement de notre action eût-il été meilleur, car le Tonkin n'était pas, à mon avis, le terrain le plus avantageux pour nous. Nous pouvions, si nous avions agi librement, en choisir de plus favorables, comme l'a soutenu un officier très distingué de l'infanterie de marine, feu le colonel Laurent.

On se rappelle l'émotion produite en France par cette mémorable expédition. Je voudrais en dire quelques mots, parce qu'elle renferme aussi de nombreux enseignements, que nous avons malheureusement trop négligés. On sait comment les Annamites, après un premier moment de frayeur, voyant à quelle misérable poignée d'hommes ils avaient affaire, se rassurent et conçoivent l'idée de nous écraser. Ils rassemblent leurs garnisons, leurs armes, leurs munitions, se préparent à une attaque à laquelle nous eussions infailliblement succombé. Garnier vit qu'il fallait payer d'audace, non seulement pour sauver nos vies, mais encore et surtout pour éviter à la France une immense humiliation. Garnier réunit ses officiers, sonde leurs cœurs, et, sûr d'avoir avec lui des hommes capables de se sacrifier au pays, il attaque Hanoï et s'en empare. Mais, mal soutenu, mal compris, il succombe bientôt sous le nombre, et notre retraite est le gage du nouveau traité signé par l'amiral Dupré, gouverneur de la Cochinchine.

Ce nouvel instrument diplomatique ne pouvait avoir plus d'efficacité que les autres, car il n'y avait entre nous et les Annamites aucune composition possible, et il était certain à l'avance qu'il serait violé partout et toujours.

C'est ainsi que nous arrivons à Rivière. Le gouverneur de la Cochinchine, M. Le Myre de Vilers, sachant que des bandes chinoises plus ou moins irrégulières occupaient le nord du Tonkin, que nos officiers faisant en ce pays fonctions de consuls se heurtaient à mille difficultés, qu'ils n'avaient même pas la liberté de circulation, que la *piraterie,* c'est-à-dire le droit donné à tous les brigands de lever contre nous des bandes armées, allait s'étendant chaque jour, — M. Le Myre de Vilers, dis-je, se décide à envoyer à Hanoï quelques troupes, sous les ordres du commandant Rivière. Les mêmes causes produisent exactement les mêmes effets qu'en 1873. Pour ne pas être coupé de ses communications avec la mer et pour ne pas être attaqué, Rivière reprend la citadelle de Hanoï; l'anarchie couvre de nouveau le Tonkin; il faut faire face à tout avec une troupe trop

faible, et Rivière est massacré à l'endroit même que Garnier
avait déjà arrosé de son sang.

A cette nouvelle, les rivalités de parti s'imposent silence pour
un instant, et dans une de ces séances où l'on sent, comme le
disait M. de Mahy dans un de ses discours les plus éloquents,
l'âme de la Patrie planer sur les délibérations du Parlement, les
Chambres décident à l'unanimité qu'il fallait venger la mort de
Rivière.

Eh bien, ce jour-là, le Parlement, avait, en réalité, pris l'enga-
gement de conquérir le Tonkin. Et, en effet, pouvions-nous,
après avoir vengé cet échec, reprendre la mer? Était-ce possible? Non, ce n'était plus possible; il nous fallait rester dans ce
pays, et il nous faudra y rester à jamais. Quand les renforts
suffisants arrivent avec l'amiral Courbet ou le général Millot, ce
n'était plus à l'Annam que nous avions affaire. Derrière l'Annam, il y avait la Chine, et derrière la Chine, il y avait l'Angleterre et toute la presse européenne débordant d'injures contre
nous.

Une première fois cependant, pour obéir au Parlement, le
gouvernement conclut une paix boîteuse, violée aussitôt par la
Chine, à Bac-Lé. Pouvions-nous encore, cette fois, reculer?
Était-ce le gouvernement qui voulait cette guerre? Était-ce lui
qui avait commandé cette surprise? La guerre continue donc et
devait forcément continuer, et pendant trois ans, parce qu'il n'y
avait aucun plan préparé d'avance, nous voyons le Tonkin,
comme autrefois la Cochinchine, devenir la proie du brigandage
et servir de champ d'expériences aux conceptions les plus
opposées et la plupart du temps les plus malheureuses.

Nous nous rappelons tous comment la question du Tonkin
devint le champ de bataille de tous les partis d'opposition
à M. J. Ferry, héritier d'une situation forcée à laquelle il était
absolument étranger, et comment, en dernier lieu, une dépêche
qui nous a coûté bien des millions et la vie nombreux soldats,
amena la chute de son cabinet. Aujourd'hui, en présence d'une
situation plus calme en Indo-Chine, il est utile de bien faire

remarquer que M. J. Ferry n'était pour rien dans cette situation, conséquence obligatoire de faits primordiaux remontant fort loin dans le passé, et qu'il est absolument injuste de l'accuser d'avoir voulu faire prévaloir une politique d'ambition coloniale et de conquête. Je ne défends pas une personnalité, car, fonctionnaire républicain correct, je sers également tous les partis républicains, sans appartenir à aucun d'entre eux; mais je prétends que tous les gouvernements, quels qu'ils fussent, placés dans la même situation que le cabinet d'alors, auraient été conduits à agir de même, en dépit de leurs principes théoriques les plus accentués et les plus sincères. Il n'y avait qu'un moyen de ne pas faire la guerre du Tonkin : c'était d'évacuer la Cochinchine, en faisant litière de l'honneur français, en abandonnant les perspectives d'avenir que je vous montrerai tout à l'heure.

Je ne veux point prétendre que toute cette affaire ait été conduite d'une manière irréprochable ; mais, avec un peu de réflexion et d'impartialité, on voit bien vite que ce ne sont pas les gouvernements qui se sont succédé depuis 1882 qu'il faut accuser.

Certainement, il y a eu des fautes commises ; mais presque toutes viennent justement de ce fait que l'extension de notre entreprise a été trop subite, qu'elle a été trop improvisée sous la pression de circonstances imprévues, et cette proposition est la meilleure preuve que l'on puisse donner de l'injustice flagrante des accusations portées contre M. J. Ferry et ses collaborateurs. M. J. Ferry n'a pas fait naître ces évènements ; il a cherché à en tirer le meilleur parti possible, en face d'une situation parlementaire troublée et d'un Parlement mal renseigné.

Certainement, il y a eu des coupables, mais ce sont surtout ceux qui ayant en France et en Indo-Chine la direction de nos intérêts et de notre fortune n'ont pas su prévoir que, de par les lois historiques les mieux établies et les plus indiscutables, la domination sur la race annamite tout entière était la suite nécessaire de notre conquête de la Basse-Cochinchine. Ce sont ceux qui n'ont pas su montrer cette vérité et ont négligé de préparer à l'avance les éléments d'administration nécessaires et de prendre les précautions indispensables pour rendre cette entreprise moins onéreuse à nos finances et à nos forces militaires, moins dommageable à l'indigène, et en un mot plus politique, plus sage et plus morale.

En disant « les éléments nécessaires », j'entends surtout parler du personnel administratif français et indigène, qui aurait dû être organisé entièrement et tenu tout prêt, pour le moment où des complications inévitables survenant, il fallait nous décider à passer à l'exécution d'un plan mûrement établi, suivant l'exemple donné par l'amiral de la Grandière en 1867, dans l'occupation des trois provinces occidentales de la Basse-Cochinchine. En attendant, nos agents divers en Annam et au Tonkin devaient, par ordre exprès, recueillir avec le soin le plus scrupuleux, les documents administratifs qui nous ont fait si entièrement défaut.

C'est qu'en effet, dans la question qui nous occupe, et dans un pays tel que l'empire d'Annam, la guerre ne joue dans la conquête qu'un rôle en quelque sorte secondaire, et les troupes doivent être considérées comme un moyen aux mains de l'administration civile. Si nous avions poursuivi conjointement la conquête militaire et l'administration civile, si l'administration civile avait été à même de fonctionner immédiatement, si, dès que les troupes avaient occupé les points fortifiés et stratégiques, des administrateurs civils au courant des choses annamites avaient pu être substitués, séance tenante, aux autorités provinciales indigènes, la période si troublée que le Tonkin vient de traverser aurait été réduite au minimum, et cette possession, retrouvant immédiatement son assiette normale, en dehors des provinces du Nord ravagées par la guerre avec la Chine, aurait marché à grands pas vers une ère de prospérité inconnue. Elle nous fournirait déjà des impôts fort importants ; elle nous donnerait déjà, avec moins de dépenses, une cinquantaine de millions et ne coûterait rien ou presque plus rien à la métropole.

Je vais plus loin. Je suis très disposé à croire que, si nous avions procédé au Tonkin avec cette sûreté de méthode, avec la rapidité et la décision nécessaires, nous n'aurions pas eu la guerre avec la Chine, parce que la Chine, ou plutôt — n'oublions pas cette distinction — les vice-rois des Deux-Quang et du Yun-Nan, s'apercevant bientôt qu'ils ne pouvaient compter sur aucune coopération effective des indigènes et sur aucun appui moral des puissances européennes, et surtout de l'Angleterre, auraient bien vite abandonné la partie. Quant à l'Angleterre, en effet, si la netteté de notre attitude lui avait fait voir que la France était décidée à pousser à fond une guerre avec la Chine et à la faire dans les provinces où elle eût été réellement efficace et menaçante pour la fortune de Hong-Kong, c'est-à-dire dans les Quang et à Haïnam, ses conseils, qui nous ont été si funestes, fussent aussitôt devenus pacifiques.

Je sais qu'il y a des préjugés bien difficiles à déraciner ; je connais l'objection que l'on oppose toujours à cette manière de voir : c'est que l'on ne peut admettre la coexistence d'une administration civile et de l'état de guerre. L'armée, dit-on, pendant la période de conquête, doit être maîtresse partout. Pendant cette période, il n'y a rien à considérer en dehors de la guerre et toute administration civile est prématurée. — Mais d'abord, en pays annamite, la conquête proprement dite n'est rien, et quant à la guerre avec la Chine, dès que le nombre de nos troupes est devenu suffisant, elle s'est passée en dehors du Delta et des provinces les plus riches et les plus peuplées du pays. Et enfin, comment ! Parce que l'on fait la guerre, il ne faut pas faire d'administration ! Mais, pourtant, cette administration n'est-elle pas indispensable à l'armée elle-même, pour son bien, pour sa sécurité, ses approvisionnements, même son existence, et pour la moralisation de la guerre ? Mais n'est-ce pas ce que nous avons vu en 1870-71 ? Est-ce que le premier soin du gouvernement allemand n'était pas d'accaparer partout, dans les départements occupés, l'administration civile, en substituant des administrateurs allemands aux nôtres toutes les fois qu'il le jugeait utile ? Est-ce que ce n'est pas la conduite, que nous avons suivie nous-mêmes, lorsque nos armes victorieuses nous conduisaient au centre de tous les royaumes de l'Europe ? Et si cette règle est nécessaire dans la grande guerre d'Europe, combien plus est-elle encore indispensable quand une armée opère dans un pays peu connu, qu'il s'agit non seulement d'occuper et de traverser, mais que l'on se propose de conquérir et de garder d'une manière permanente et définitive ? Combien encore la condition que j'indique est-elle d'une application plus urgente dans un milieu asiatique, *d'organisation profondément civile*, où la société indigène ne peut supporter la guerre sans d'horribles souffrances, bien différente en cela des sociétés arabes, adaptées pour ainsi dire, à un état de violence en quelque sorte normale ?

Et certes, nul mieux que moi ne comprend et n'admet qu'il soit nécessaire de laisser aux chefs militaires la plus grande latitude. Mais faire la guerre, rien que la guerre, en abandonnant le pays à lui-même, ou bien peu s'en faut — car une administration aussi incomplète que le fût la nôtre, n'est pas de l'administration — ce n'est pas agir en nation civilisée. C'est faire de la politique de Huns !

Il faudrait s'entendre sur ce que sont ces conquêtes, sur le but qu'elles poursuivent, et voir, sans esprit de parti, comment il faut s'y prendre pour les rendre fructueuses et les légitimer aux yeux mêmes du peuple conquis. Et pour cela, je vous demanderai de jeter un coup d'œil hors de chez nous et de faire une courte comparaison avec les procédés suivis par les Anglais par exemple, dans leur expédition de la Birmanie supérieure.

Voici deux races, les Birmans et les Annamites, parties de ces plateaux thibétains, qui ont servi de nid, pour ainsi dire, à tous ces peuples d'Extrême-Orient. Elles sont, après une histoire de plusieurs milliers d'années, parvenues à un même degré de civilisation, mais à des gouvernements différents, imprégnés, l'un de l'influence hindoue, l'autre de l'influence chinoise. Toutefois, le Birman et l'Annamite ont des mœurs et des besoins à peu près pareils, et anatomiquement on pourrait souvent les confondre.

L'Angleterre, installée depuis plus de cinquante ans dans la Basse-Birmanie, se décide, par suite de ces incidents fortuits, mais certains, sur lesquels j'ai longuement insisté, à faire la conquête de la Birmanie supérieure, et il est remarquable qu'au début, malgré l'expérience qu'elle possède de ces sortes d'entreprises, elle commet exactement les mêmes fautes que nous-mêmes au Tonkin, si ce n'est pourtant que, connaissant bien les immenses inconvénients politiques et financiers des protectorats, sachant que cette forme de domination ne doit être employée que comme un pis-aller, elle se résout brusquement, le 1er janvier 1886, à déclarer la Birmanie supérieure *annexée* définitivement à l'empire de l'Inde. Cependant, elle non plus, n'avait arrêté aucun plan, et surprise comme nous par les évènements, elle n'expédiait en Birmanie que des forces militaires insuffisantes, avec un haut commissaire civil ; mais ce chef civil n'était, lui aussi, suivi que d'un personnel administratif, judiciaire et de police rudimentaire, alors que ce personnel est cependant indispensable, je le répète, pour donner à un peuple qui vient d'être privé de son propre gouvernement, la sécurité et toutes les garanties sans lesquelles il n'y a pas de paix possible. Aussi l'état de la Birmanie est-il d'abord le même que celui du Tonkin : massacres et incendies de villages, piraterie ou *dacoïtisme*, impossibilité de percevoir l'impôt et d'établir un budget normal. Mais ces fautes sont bien vite réparées. Les membres du *Civil Service* et les officiers du *Staff Corps* investis de fonctions civiles, choisis en grand nombre dans les diverses présidences, sont mis à la tête des districts, une police militaire de 15,000 hommes fonctionne sous leur direction, et leur direction seule, pendant que 30,000 soldats combattent l'ennemi et le poursuivent sans merci dans tous leurs repaires, soustraits à toute préoccupation en dehors de celle de la guerre même. Aujourd'hui, on peut considérer l'entreprise comme terminée ;

les dépenses sont atténuées dans une proportion considérable, la perception des impôts est assurée, la sécurité renaît et avec elle le travail des populations, car chacun sait qu'il peut labourer, semer, récolter et commercer en paix, qu'il peut s'éloigner de sa maison sans craindre de la trouver à son retour pillée ou brûlée, sur les cadavres de sa femme ou de ses enfants. — Or, nous ne pouvons pas encore, après quatre années, en dire autant du Tonkin.

Il est vrai que l'Angleterre n'a pas à s'occuper des affaires de l'Inde, si ce n'est pour certains traités d'un caractère particulier, tandis que nous, nous voulons, malgré tant d'enseignements, gouverner ces pays lointains, où tout diffère de notre milieu, des bureaux de deux ou trois ministères, avec l'ingérence bien intentionnée, mais nécessairement incompétente des membres du Parlement, et en face d'une opinion publique qui n'est point faite pour discuter des questions qui lui échappent de la manière la plus complète. — En Angleterre, les choses vont tout autrement : Comme ce n'est pas le contribuable anglais, mais l'Inde ou les Colonies qui font les frais de ces guerres, le Parlement n'a à s'en occuper que dans certaines circonstances, et s'il s'en occupe, il a derrière lui une opinion publique consciente des grands intérêts du pays et qui ne permettrait pas qu'on vînt lui parler d'évacuation.

Quant à moi, — puisque j'arrive à être obligé de parler de moi-même — c'est le système anglais que j'aurais voulu appliquer au Tonkin, et il était non seulement possible, mais avantageux, si j'avais eu le temps et l'autorité nécessaires, et si je n'avais été attaqué par le ministère même qui avait le devoir de me défendre. Pendant que nos troupes auraient battu les Chinois ou contenu les Annamites du Sud sur la frontière du Tonkin, pendant que les chefs qui les conduisaient à l'ennemi étaient dégagés de toute autre pensée que celle de la guerre, j'organisais immédiatement le territoire occupé, substituant nos administrateurs aux autorités annamites, et ce territoire, surveillé par nous, protégé par des milices recrutées suivant l'admirable système des Annamites, le plus efficace qu'on ait jamais inventé, nous fournissait immédiatement des ressources que nous laissons péricliter de plus en plus depuis le début des hostilités.

Mais je ne suis pas ici pour vous entretenir de ma personne : je laisse au temps le soin de faire la lumière sur ces questions. Au surplus, je ne me propose pas de faire de la critique, mais simplement de répandre dans le public intelligent et de bonne foi un certain nombre de vérités peu connues, et je demande à poursuivre, en posant là, maintenant, la question suivante, qui, j'en suis sûr, resterait sans réponse précise, même si elle était adressée à ceux qui font paofession d'écrire sur les choses coloniales :

Ayant été conduits, non par une ambition préméditée, mais par l'enchaînement logique des circonstances, à occuper l'Indo-Chine annamite, quel est le but que nous devons.aujourd'hui nous proposer ? Ce but déterminé, quels sont les meilleurs procédés, politiques, administratifs, financiers et militaires à suivre pour l'atteindre le plus promptement et le plus économiquement possible ?

Ce but, le voici : C'est la fondation d'un empire colonial, la création d'un *vice-état,* expression que j'aime à employer parce qu'elle caractérise bien ma pensée ; c'est-à-dire, d'un organisme politique dépendant de la mère-patrie, mais capable de vivre de sa vie propre, capable de se suffire à lui-même en temps de paix comme en temps de guerre, et qui, bien loin d'être pour la mère-patrie une source de dépenses et d'affaiblissement, augmente au contraire les forces politiques et militaires de la France, tout en offrant un large débouché à ses industries, à son commerce, à ses capitaux et à toutes les activités de ses citoyens.

Pour réaliser cette formule et la faire passer dans les faits, c'est-à-dire pour arriver à constituer un organisme politique assez large pour vivre d'une vie quasi-indépendante, assez fort pour trouver en lui-même toutes les ressources nécessaires à l'existence et à la défense d'un Etat, il n'y a qu'un procédé, c'est d'associer l'une à l'autre les diverses régions de l'Indo-Chine Annamite et Cambodgienne, en les faisant dépendre d'une autorité unique, de créer, en un mot, *l'unité Indo-Chinoise.*

Et ce n'est pas là une vaine étiquette. C'est la seule base sur laquelle nous puissions asseoir un empire colonial viable et permanent, capable de dédommager la métropole, dans un temps relativement court, de tous les sacrifices où l'ont entraînée la succession de ces erreurs que je vous ai signalées, et qui viennent presque toutes de l'absence de plan et du manque de but directeur. Les intérêts particuliers, qui désarment difficilement, même dans les questions qui importent le plus à la fortune et à l'existence même de la patrie, ont pu seuls obscurcir la vérité que j'énonce en ce moment. Du reste, je puis le dire, en ce qui me concerne personnellement, je n'ai jamais eu la moindre incertitude sur la question de l'unité Indo-Chinoise, et j'ai toujours dit — et écrit, — bien avant même les évènements de 1883, que l'unité était une chose absolument certaine, que toutes les volontés, tous les entêtements, tous les sophismes de parti ne sauraient prévaloir contre la logique des faits, et que ceux-là mêmes qui étaient le plus opposés à cette conception, arriveraient rapidement à l'admettre. Les évènements m'ont donné raison en ceci comme en beaucoup d'autres choses, et tous ceux qui s'occupent des questions d'Indo-Chine, en viennent aujourd'hui, enfin, à l'idée qui aurait dû être le point de départ même de notre entreprise. Mais les choses pressent. Tout se tient en politique ; il est dangereux d'attendre plus longtemps, et notre situation en Europe nous défend, plus qu'à toute autre nation, de nous attarder dans une question d'une pareille gravité. Il faut aller vite, très vite, si nous ne voulons pas nous exposer au lendemain d'un échec en Europe toujours

possible — car l'histoire nous en offre plus d'un exemple — à
perdre cette Indo-Chine, qui nous a déjà coûté tant de sang et
tant d'argent, et qui inspire pourtant à tous ceux qui l'ont par-
courue et étudiée la foi la plus robuste. Personne parmi ceux
qui l'ont vue ne me démentira.

Indépendamment des raisons d'ordre politique et financier
qui rendent l'unité désirable, il est une condition, sur laquelle
j'ai déjà insisté, qui la rend indispensable.

Celle-ci est d'une si grande importance, que l'on me pardon-
nera d'y revenir encore une fois : c'est l'homogénéité de la race
annamite, ce sont ses aspirations et ses ambitions communes
qui nous tracent de grands devoirs. Il n'est pas permis de concevoir que nous puissions scinder en tronçons distincts une
race si fortement constituée, pour la gouverner suivant d'étroites
formules bureaucratiques. Nous l'avons arrêtée en plein essor;
mais notre devoir de conquérants, si nous avons conscience de
la mission qui nous incombe, consiste à prendre la résolution
d'élever cette race annamite, non seulement pour notre profit et
et pour le sien, mais pour celui de toutes les familles indo-
chinoises, sans rompre davantage la chaîne de ses traditions,
de son avenir et de ses ambitions, inscrites dans les deux mille
années de son histoire nationale.

C'est que l'Annamite n'est point un enfant dont nous ayons
à faire l'éducation. Ce n'est point un sauvage sur lequel on
puisse faire des expériences comme sur une table rase. Il
appartient à une nationalité plus vieille que la nôtre, qui a joué
dans son milieu et dans son temps un rôle considérable et dont
les destinées sont loin d'être épuisées.

Si nous comprenons bien notre tâche, si nous savons nous
montrer dignes de la remplir, nous devons donc prendre, pour
ainsi dire, toute cette race avec ses mœurs, ses institutions, sa
valeur propre, sa supériorité vis-à-vis de ses voisins, pour en
faire en quelque sorte notre compagne de fortune et notre
associée. Ce n'est qu'en sachant ainsi tirer parti des remarquables qualités de l'Annamite, sans manifester à son égard ce

hautain mépris qui caractérise l'Anglais, ce n'est qu'en associant nos ambitions présentes à ses ambitions passées et futures, que nous pourrons prétendre au rôle de missionnaires d'une civilisation nouvelle et de fondateurs d'empire.

D'autre part, l'unité de l'Indo-Chine suppose une condition *sine quâ non*, c'est l'unité de direction en France; il ne faut plus que la Cochinchine dépende d'un ministère, le Tonkin et l'Annam d'un autre, que le Cambodge soit en quelque sorte à cheval sur deux départements, sans compter l'armée et la marine qui se rattachent encore à d'autres. L'unité de l'Indo-Chine suppose donc la création d'un ministère spécial, — sur lequel je professe toutefois une manière de voir trop différente de celles qui ont cours pour me risquer à l'exposer en ce moment même — ou tout au moins la réunion de toutes nos possessions sous une direction centrale unique, que cette direction dépende d'ailleurs du ministère des affaires étrangères, d'un ministère spécial ou du sous-secrétariat des colonies. Chacune de ces solutions présente des avantages et des inconvénients; je me trouverais, vous le comprenez, fort gêné pour les discuter. Mais il faut, avec une direction unique, une responsabilité unique, qui a manqué jusqu'à présent.

Mais je dois vous faire remarquer que je ne prétends pas et n'ai jamais prétendu — comme certains esprits trop absolus — qu'il faille, dès maintenant, appliquer à toute notre Indo-Chine la même administration. Les fautes que nous avons commises, l'absence d'un plan bien mûri dans la conduite de notre entreprise, l'état économique plus ou moins prospère des diverses parties de l'Indo-Chine, le manque de personnel, la question de dépenses et enfin les contrats par lesquels nous nous sommes liés, et qu'il serait à plusieurs points de vue impolitique de rompre, nous imposent des tempéraments particuliers. Il me paraît évident, notamment, que la Cochinchine a trop d'avance sur les autres provinces annamites, pour que le régime qui lui convient aujourd'hui puisse être appliqué au reste de l'Indo-Chine, ou bien qu'il soit possible de faire rétrograder la Cochinchine, pour la faire descendre au niveau des institutions transitoires bonnes en Annam et au Tonkin. Nos traités, par des causes diverses, ont aussi établi des distinctions fort étendues entre l'Annam central et le Tonkin, et sans vouloir, comme on l'a fait malheureusement, rendre à l'Annam propre des forces qu'il ne saurait employer que contre nous, je crois qu'il faut laisser subsister, transitoirement, ce reste du royaume dans un état de protectorat réel, quand ce ne serait que pour donner aux lettrés et à leurs familles le temps de s'habituer aux perspectives d'un état de choses nouveau, de comprendre la nécessité de se familiariser à notre contact ou même, progressivement, à l'idée d'en tirer parti. L'Annam devient aussi, par ce procédé, le lieu de refuge des intransigeants du Tonkin. Mais les plus intelligents et les plus ambitieux d'entre ces mandarins, dans la retraite volontaire à laquelle ils seront soumis, auront le loisir de réfléchir, de trouver l'occasion de revenir à nous, et d'opérer des changements de front que l'impossibilité d'agir autrement rendra moins pénibles à leur orgueil et à leur conscience.

Je laisse de côté le Cambodge dont l'organisation politique et sociale, très différente de celle des Annamites, exige aussi des procédés différents.

En somme, ce que je voudrais pour le moment, c'est l'*unité politique et gouvernementale, compatible avec une diversité administrative très grande,* suivant un plan détaillé que j'ai rédigé pour mes chefs directs, il y a déjà plus de deux années. Dans cette question, au surplus, nous n'avons pas à inventer. Il nous suffirait de jeter un regard sur l'organisation de l'empire des Anglais dans l'Inde, vaste champ d'expériences séculaires, entreprises dans un milieu très analogue à divers égards, et où nous n'avons qu'à puiser. Chaque présidence, chaque groupe de provinces possède un régime particulier. Madras, Bombay, le Bengale, le Punjab, les provinces du Nord-Ouest, l'Assam, la Birmanie, pour ne citer que les principales divisions, sont soumis à des organisations séparées et distinctes, souvent profondément dissemblables, sous la direction et le contrôle unique du gouvernement du vice-roi et de son Conseil.

Vous comprenez que je n'ai pas à entrer ici dans des détails, du plus grand intérêt pour les hommes spéciaux, mais probablement très fastidieux pour un public, si éclairé qu'il soit. Je tiens à dire cependant qu'il me paraîtrait dangereux de confier au haut fonctionnaire chargé de la concentration de notre politique, l'administration particulière d'une partie quelconque du territoire d'Indo-Chine. L'administration et le détail des affaires, la politique générale et les questions d'intérêt local sont choses essentiellement différentes ; il ne faut pas les réunir dans les mêmes mains, et, pour le dire en passant, je crains qu'on ait commis une erreur grave en remplaçant le Résident supérieur du Tonkin, comme on vient de le faire tout récemment, par un Secrétaire général. Ce n'est pas pour moi, croyez-le bien, une question de personnes, — quoique je professe une grande estime, et, comme vieux Cochinchinois, une grande reconnaissance patriotique à l'égard de M. Vial, — mais je vois dans cette mesure le symptôme d'une mauvaise tendance de nos administrations supérieures, toujours tentées de réduire le rôle des agents les plus importants et de les absorber. Un Secrétaire général n'a point de responsabilités propres, et le Résident général doit alors s'occuper d'une quantité de détails qui ne le regardent pas, absorbent inutilement un temps précieux, et en outre, le compromettent à chaque instant.

Donc, un Résident ou Gouverneur général, assisté d'un Gouverneur ou Résident supérieur pour le Tonkin, d'un pour l'Annam, d'un pour la Cochinchine et d'un quatrième pour le Cambodge : Telle est, je crois, la vérité.

Quant au Tonkin, il faut avouer que ce groupe de provinces n'aura bientôt plus du protectorat que le nom ; mais il faut marcher, moins timidement encore que nous l'avons fait jusqu'ici, et surtout moins empiriquement, sachant bien ce que nous voulons, vers la transformation nécessaire en *administration directe.*

Je n'ai pas le temps de discuter les quelques objections sincères que l'on oppose encore à l'unification de l'Indo-Chine. Je
ne dirai rien de ceux qui prétendent voir un obstacle à l'unité
dans la disposition géographique même du pays annamite,
formé d'un long couloir resserré entre les monts du Laos et la
mer, aboutissant aux deux deltas du Mé-Khong et du fleuve
Rouge, disposition que l'on a comparée, d'une manière aussi
pittoresque que fausse, aux deux paniers de riz que les coolies
portent en balance sur leur épaule, suspendus à un arc de bois
sec. Tout le monde sait aujourd'hui ce qu'il faut penser de cette
image, qui n'accorde pas à l'Annam central le rôle important
qu'il a joué dans le passé et qu'il jouera certainement dans
l'avenir, car ses provinces sont riches et peuplées, fournissent
des produits d'une grande valeur et d'une grande variété,
offrent des terrains très favorables à la colonisation proprement
dite, tandis que leur configuration étranglée présente des avantages inappréciables tant pour le développement économique
que pour les facilités de la surveillance militaire et de la domination. Ce qui prouve bien la valeur intrinsèque de l'Annam
central, c'est son histoire moderne : il suffit de rappeler que
c'est dans l'Annam central que Gia-Long a trouvé les ressources
et les populations avec lesquelles il a reconquis la Cochinchine,
puis le Tonkin. Surtout avec une ligne télégraphique terrestre
et une réparation complète de la grande route annamite, sans
parler des chemins de fer qui viendront plus tard, il n'est pas
permis de dire que nous éprouverons des difficultés sérieuses à
gouverner un pays que l'administration annamite, si vicieuse,
si faible, si mal organisée, savait diriger de Hué.

. Reste un autre argument, d'ordre politique, mis en avant par
des personnes dont je ne méconnais point la compétence, c'est
celui-ci : Il ne nous est pas facile, disent ces personnes de
soumettre à une autorité unique et de faire dépendre d'un
ministère unique des provinces dont les unes sont *annexées* à la
France et font partie intégrante du territoire de la République
et du patrimoine national, et dont les autres ne sont que des

protectorats, c'est-à-dire des pays qui n'appartiennent pas en
propre à la France, mais à des monarques étrangers, et sur
lesquels la France n'exerce qu'un droit de suzeraineté. Faire
l'unité, dit-on, c'est faire l'annexion, et l'annexion, nous la
repoussons, nous n'en voulons à aucun prix. J'avoue que cette
objection me paraît si subtile que mon esprit se refuse à la
comprendre. Ne voyons-nous pas, pour prendre encore un
exemple dans l'Inde, l'Angleterre diriger son empire asiatique
d'un seul ministère, l'*India Office,* alors que l'Inde, outre les
provinces anglaises proprement dites, compte plusieurs cen-
taines de rajahs, nababs, chefs de tribus, soumis à toutes
les formes de protectorat, des principautés vassales, des
alliés, etc...

Et d'ailleurs, quelle est la situation qui nous est faite par nos
traités avec l'Annam ? Pour moi la véritable utilité, — je dirais
presque la seule utilité — de nos conventions avec une Cour
telle que celle de Hué, qui ignore à peu près complètement les
obligations de cette nature, si ce n'est pour les violer dès qu'elle
croit en trouver l'occasion, a été de déclarer au monde entier
qu'ayant éliminé de l'Annam l'ingérence de toute action étran-
gère, nous étions maîtres d'y agir absolument suivant notre
volonté, sans autre obligation qu'une administration juste et
morale. C'est là, je le déclare, le but réel que j'ai poursuivi
quand j'ai pris sur moi, au mois d'août 1883, sans instructions,
d'improviser en quelques heures, sous le canon même des
Annamites, un traité auquel je n'accordais, à part moi, d'autre
importance que de tracer au Gouvernement la voie que je
croyais la bonne, en lui fournissant les grandes lignes du programme qui semblait lui faire défaut, et de dire aux étrangers,
quels qu'ils soient : « Vous n'avez plus rien à voir dans l'Annam,
» dont les affaires deviennent les nôtres ! »

Ce traité, on l'a recopié textuellement ensuite, en se bornant
à en faire disparaître les clauses les plus importantes, celles que
je destinais à affaiblir l'Annam et à le rendre impuissant, — car
je savais qu'il ne pouvait employer que pour nous combattre

les armes que nous lui laisserions, — et à affermir, d'autre part, notre situation au Tonkin et en Basse-Cochinchine. Ce traité, on a fini par le trouver bon, puisqu'on revient aujourd'hui à mes conceptions premières. Mais ce qu'il y a de certain, c'est que charbonnier est maître chez lui, que la Chine ayant abandonné ses prétentions, nous n'avons trouvé en Annam et au Tonkin aucun contrat antérieur avec des puissances étrangères, et que, procédant sur un terrain vierge de toutes ces compétitions et de tous ces intérêts européens qui nous ont obligés à prendre en Tunisie des précautions spéciales et des détours particuliers, nous pouvons, sans annexer ni l'Annam, ni le Tonkin, ni le Cambodge, nous comporter chez nous — car nous y sommes chez nous — absolument comme nous entendons le faire, c'est-à-dire en conformant notre conduite à ces principes généreux qui suivent partout notre drapeau, et qui seuls peuvent nous amener au succès, en apportant la sécurité, la fortune, la justice, à des populations qui n'ont jamais connu ces bienfaits.

Il n'est pas question, qu'on le remarque bien, d'introduire au Tonkin le luxe exagéré de fonctionnaires et de fonctions qui caractérise la Cochinchine, et dont tout le monde se plaint, à commencer par la Cochinchine elle-même. Il ne s'agit point, l'Annam étant mis à part pour des raisons politiques dont j'ai déjà dit quelques mots, de supprimer l'intermédiaire des mandarins indigènes, dont nous ne pouvons avoir, sans être taxés de folie, la prétention de nous passer; mais seulement, *tout en laissant aux Annamites l'organisation que leur a transmise leur histoire*, d'enlever aux délégations de la cour placées à la tête des provinces le pouvoir malfaisant dont elles sont investies et dont elles ne peuvent se servir qu'à notre détriment, pour jeter la défiance et l'effroi dans l'esprit des indigènes, pour favoriser des intrigues et des complots qui perpétuent le désordre et l'insécurité, pour couvrir d'un semblant d'administration régulière une administration occulte fonctionnant à côté d'elles et sous leurs yeux mêmes, tout en échappant, de connivence avec

les subalternes indigènes, à un contrôle entièrement illusoire. ⌉
Ce régime bâtard, auquel les Annamites ne comprennent rien
et qui jette dans leur esprit la plus inextricable confusion, ne
nous permet pas d'atteindre le village nous-mêmes et dresse
devant nos efforts un obstacle insurmontable à l'accroissement
régulier de la productivité du pays, à l'établissement et à la
réalisation des budgets considérables dont nous avons besoin
pour opérer la transformation de l'Indo-Chine, et l'allègement,
puis la suppression rapide et complète des charges de la
métropole.

⌐Le régime que je préconise n'est certes point l'annexion;⌉mais
ces questions, si intéressantes et si importantes qu'elles soient,
sont si peu connues, que je me crois forcé de donner ici quelques explications sur le point spécial des formes diverses
de *protectorat*. Elles ne nous prendront du reste que peu de
temps.

Il existe ou peut exister mille formes de protectorat; mais on
peut les ramener *grosso modo* à trois catégories principales :

⌐1° Le *protectorat politique* a pour but de fournir à une grande
puissance le moyen de surveiller les relations extérieures du
pays, des provinces ou des îles protégées; d'empêcher que
d'autres puissances s'en emparent, ou d'imposer au souverain
protégé certaines réformes salutaires, en le mettant à l'abri des
intrigues de palais ou de dangers imminents pour sa vie ou
l'existence même de sa dynastie. Ce genre de protectorat, qui
laisse au Gouvernement protégé toute sa liberté intérieure, exige
une immense disproportion de forces entre les deux contrac-
tants, car il n'est jamais, ou presque jamais, réclamé ou accepté
de bonne volonté, sauf pour échapper à un danger immédiat.
L'Inde anglaise nous en offre de très grandes variétés. Au point
de vue financier, il ne donne guère que des charges, même avec
les procédés les plus savants et les plus perfectionnés, ou
du moins infiniment moins de profits que l'administration
directe, même quand il fournit à la puissance protectrice des
tributs ou des contingents militaires. C'est ainsi que toutes

les provinces ou royaumes des rajahs ou nababs médiatisés de l'Inde, qui comptent cependant environ 50,000,000 d'habitants, dans des pays souvent très favorisés par la nature, ne donnent au gouvernement anglais qu'une somme totale de 19 millions de francs, laquelle serait facilement décuplée, si la puissance britannique se décidait à les annexer, pour le plus grand bien des populations.

2° Dans le *protectorat administratif,* on se propose de faire administrer le peuple protégé par ses chefs indigènes, en se bornant à contrôler cette administration de loin, mais en prenant vis à-vis du souverain certaines garanties financières, car ce genre de protectorat, bien qu'il réponde encore médiocrement aux exigences de l'esprit moderne, ne peut s'appliquer que dans des circonstances assez rares, dans des conditions qui ne se trouvent que dans certains milieux, et dont la principale est l'existence d'une monarchie absolue, sans aristocratie héréditaire ou sans classe privilégiée fortement constituée. Et, en effet, en tenant le monarque, le commissaire européen placé à côté de lui pour surveiller et diriger ses actes, sous la menace perpétuelle d'une confiscation ou même d'une déposition, tient pour ainsi dire tout le pays dans sa main. Alors, au moyen d'un petit nombre d'agents secondaires, institués pareillement auprès de chefs indigènes qui, n'ayant entre eux aucune solidarité, peuvent être sans inconvénients déplacés ou révoqués du jour au lendemain, la puissance protectrice peut, dans une certaine mesure, mais seulement dans une mesure restreinte, améliorer l'état économique, politique et moral du pays, s'approprier une part de ses revenus et les appliquer elle-même à des travaux d'utilité générale. Ce genre de protectorat, s'il produit peu de résultats immédiats, exige cependant peu de dépenses et un personnel restreint. Avec beaucoup de patience, d'habileté, de prudence, et à la condition d'une prépondérance incontestée du protecteur, dont les forces ne sont discutées ni par le monarque ni par le peuple, il laisse ouvertes certaines perspectives d'avenir.

[Ce genre de protectorat, que nous pouvons appliquer à un pays de civilisation hindoue, comme le Cambodge, est purement utopique dans un milieu de civilisation chinoise, chez un peuple compact de 15,000,000 d'habitants, qui ne désire nullement voir l'étranger remplacer ses mandarins, si mauvais qu'ils soient, et auquel nos tergiversations et nos fautes ont inspiré de grands doutes sur notre supériorité morale et militaire; en présence d'une classe particulière décidée à défendre ses privilèges, parce qu'elle comprend d'instinct qu'il n'y a pas de composition possible entre elle et le régime européen, et que les avantages fixes que celui-ci pourra lui faire n'équivaudront jamais aux profits aléatoires, mais tacitement autorisés, que le système indigène accordait à ses membres, à leurs familles et à leurs clients. Si ce mode de protectorat permet, au prix de beaucoup de difficultés, de rébellions comprimées, de désordres indéfinis, d'arriver à la longue à certaines modifications favorables, il est radicalement impuissant à remplir le programme que j'ai fixé comme le but de notre entreprise : c'est-à-dire la constitution d'un État nouveau, disposant de gros budgets, qui ne peuvent être obtenus que par une administration civile régulière et par une sécurité complète pour tous les intérêts. Il est incapable également, étant donnée l'organisation annamite, de nous procurer l'armée indigène sûre, nécessaire non seulement aux besoins de la tranquillité intérieure et de la défense, mais aux desseins de notre politique générale.

En vérité, nous semblons poursuivre en Indo-Chine la tâche impossible que M. Camille Pelletan a si bien définie, lors de la fameuse commission des crédits du Tonkin, à la fin de 1885, quand il disait : «[Vous voulez faire du protectorat quant aux « charges, et de l'annexion quant aux profits. »_]

Ces courtes paroles résument admirablement la discussion. C'est, à mon avis, tout ce qu'on a dit de mieux, depuis quatre ans, sur le Tonkin.

[3° Enfin, voici une dernière forme de protectorat — je ne trouve pas d'épithéte simple pour la définir — dont l'Inde encore nous permet de concevoir les résultats. C'est la seule qui soit réellement efficace, et ce protectorat-là, j'en suis le partisan résolu. Il consiste à écarter du gouvernement, non par la violence tyrannique et l'abus de la force, mais par des procédés naturels d'élimination prudente, ou par une transformation de fonctions dangereuses en fonctions purement honorifiques, un certain nombre de grands mandarins, de ceux qui gouvernent les provinces au nom de Hué, pour leur substituer des agents français choisis avec le plus grand soin, investis d'une très large autorité, de grandes responsabilités, et dirigeant eux-mêmes les mandarins subalternes nommés par nous, rien que par nous, mais toujours au nom de la couronne. On objecte à ce procédé le manque de fonctionnaires bien au courant des choses annamites; mais la Cochinchine peut en fournir beaucoup, et je n'hésiterais pas, pour mon compte, à faire largement appel au concours des officiers de tous les corps militaires, qui présentent, lorsqu'on a la latitude de les bien choisir, plus de garanties de zèle, de savoir, de dévouement et de conduite, que certains *civils* expédiés directement de Paris. C'est ainsi qu'on a procédé en Cochinchine, où bon nombre d'officiers, transformés en administrateurs, ont laissé dans nos annales coloniales des souvenirs très honorables et des pages souvent glorieuses.

Il n'y a peut-être pas dans le monde de pays où ce système puisse s'appliquer avec des facilités plus grandes et des avantages plus sensibles qu'en Annam, ou du moins au Tonkin, puisque je propose toujours, transitoirement, de laisser vivre impuissant l'Annam central, de façon qu'il puisse servir de retraite aux récalcitrants émigrés du Tonkin. C'est que dans ce milieu social, la Royauté, affaiblie quant à son pouvoir réel, mais ayant conservé sur l'esprit du peuple un prestige religieux considérable, n'est plus qu'une idole sacrée qu'il faut conserver avec la sollicitude la plus attentive, qu'il faut entourer des marques les plus pompeuses d'un respect non seulement apparent, mais sincère, respect dû au représentant malheureux d'une dynastie glorieuse. L'Indo-Chine annamite semble véritablement prédestinée à une telle politique, qui n'arrache pas violemment du cœur du peuple la foi superstitieuse qui l'attache à son roi, qui fait persister à ses yeux la personnification même de sa race et le conservateur de ses rites, et écarte ainsi de nos pas bien des obstacles au progrès.]Dans ce procédé, on a la plupart des avantages de l'annexion sans courir les risques de ses inconvénients. Il suffit de doter le roi et les personnes qui le touchent de plus près d'une rente largement calculée, qu'on peut considérer comme une dépense des plus productives; de le laisser vivre dans un palais somptueux, au milieu de sa garde et de ses femmes, et de promulguer en son nom, portant l'empreinte fétichique de son grand sceau, toutes les décisions de l'autorité française.]

Qu'on le remarque bien : le procédé que j'indique n'exige pas un grand nombre de fonctionnaires français. Le Tonkin, en y rattachant le Thanh-Hoa, le Nghê-An et le Ha-Tinh, compte dix-sept provinces, dont plusieurs, surtout avec l'amélioration des voies de communication, pourraient être réunies. Il suffirait pour les gouverner, d'après un plan dont je vous tairai les minutieux détails, d'une soixantaine de fonctionnaires de l'ordre administratif, judiciaire et financier. Si l'on se décide, chose inévitable, à réunir dans une seule main la direction générale de l'Indo-Chine annamite et cambodgienne, en refondant d'une manière plus judicieuse le système d'organisation de la Cochinchine, il nous suffit d'un corps d'une centaine d'administrateurs pour assurer le fonctionnement de la possession, y compris les résidences de l'Annam central, où je ne placerais qu'un seul commissaire par province, ou peut s'en faut.

Il faut, en outre, compter les agents des douanes, des postes et télégraphes, des travaux publics, des services médicaux, les officiers des troupes et milices indigènes, les commis des diverses administrations, etc., ne relevant tous, comme les administrateurs de tout ordre, que du gouvernement général, tous attachés à la fortune de la possession, et y parcourant toute leur carrière. Ce personnel est certainement considérable, mais enfin nous ne pouvons avoir la prétention de gouverner un pays aussi peuplé et aussi étendu avec quatre hommes et un caporal.

L'Indo-Chine n'est pas, il faut bien le savoir, et ne sera jamais une *colonie,* au sens exact du terme. C'est une *possession*, un pays de conquête, d'administration, où les Européens, en nombre relativement très restreint, jouent le rôle de directeurs de population indigène, et arrivent par suite, en accroissant ses ressources par la pacification, la justice et la garantie donnée à tous les intérêts, à augmenter toutes les activités et les transactions de toute espèce et à obtenir un budget toujours grandissant, destiné à améliorer sans cesse la possession. La colonisation proprement dite, sans doute, est possible, même avantageuse, dans un certain nombre de points d'altitude assez élevée, où l'Européen viendra plus tard, ainsi que nous le constatons dans l'Inde; les entreprises financières, industrielles et commerciales qui comportent et exigent des capitaux importants, et peuvent procurer à nos nationaux des bénéfices directs et indirects considérables, se concentrent d'abord dans les villes et dans les ports, et ne peuvent absorber qu'un petit nombre d'Européens. Mais pour permettre la colonisation et pour rendre prospères nos industries et nos entreprises commerciales, il faut, avant tout, une bonne administration, et c'est le cas, pour les négociants et les industriels, de rééditer un mot célèbre en le modifiant légèrement et de dire : Faites-nous de la bonne administration, et nous ferons un large marché de consommation et de production, et nous ne le ferons qu'à cette condition seulement. Avec un bon système d'administration, tout le reste nous viendra par surcroît.

Il faut donc, c'est incontestable, des fonctionnaires en assez grand nombre, parce que le pays est très vaste, très peuplé, mal pourvu de voies de communication. Mais ce nombre doit et peut être relativement minime, si on le compare à la quantité de fonctionnaires qui grèvent sans profit le budget de nos autres établissements coloniaux. Il ne s'agit pas de faire des conquêtes et de fonder des possessions pour les peupler de fonctionnaires, comme on l'a dit et comme on le répète, malheureusement avec quelque justice, et en particulier de fonctionnaires inutiles, sans valeur et sans instruction, ou voués à un travail qui ne développe aucune des facultés de l'intelligence, aucune des qualités du caractère !

Mais est-il permis pourtant de considérer avec indifférence, dans l'état de notre nation, l'occasion d'offrir aux jeunes gens des classes instruites, souvent si embarrassés pour trouver chez eux des carrières qui leur conviennent, un débouché aussi vaste et aussi intéressant que celui des emplois administratifs et politiques au dehors, car je puis promettre à ces jeunes gens, si l'on se décidait à appliquer les réformes que j'entrevois, si on laissait aux résidents la somme d'autorité et de responsabilité qui leur convient, qu'ils ne trouveraient nulle part, dans l'univers, une carrière plus belle à parcourir, mieux faite pour tenter les esprits les plus élevés, les ambitions les plus difficiles et les cœurs les plus généreux, que celle de l'administration en Indo-Chine.

Il y a, sans doute, de ce chef, certains sacrifices à faire, pas aussi grands cependant qu'on pourrait le croire, car les frais de personnel, dans la fondation d'une grande possession, dans l'organisation d'un pays nouveau, ne sont que peu de chose en comparaison des dépenses du matériel, et des travaux publics, civils et militaires. L'application d'un régime se rapprochant plus ou moins de celui de la souveraineté, quand il doit s'exercer sur un territoire étendu, peuplé d'un nombre considérable d'habitants, exige une importante mise de fonds et des déboursés qui ne sont pas d'un rapport immédiat. Il en est d'une grande conquête opérée sur ces pays semi-barbares, comme de l'acquisition d'un fonds fort riche, mais mal entretenu, négligé, délabré, où tout est à refaire. L'acquéreur, s'il veut tirer de son domaine un parti avantageux, est obligé à des avances dont l'importance croît avec celle du domaine lui-même. Mais quand il s'agit d'une conquête faite avec violence, ces avances, qui sont commandées au vainqueur par le soin de ses intérêts les plus étroits, les plus matériels et les plus immédiats, lui sont encore imposés par le respect de lui-même et des principes qu'il prétend représenter, par les obligations qu'il contracte vis-à-vis des vaincus, pour justifier son entreprise aux yeux du peuple conquis et du monde entier, et pour absoudre sa propre conscience.

Je reviendrai sur ce sujet, sur le meilleur procédé à suivre pour nous procurer ces avances, lorsque je parlerai, en terminant ; du régime financier de la possession et des moyens les plus avantageux à employer pour mettre en valeur notre nouveau domaine. J'aime mieux auparavant nous entretenir des résultats que nous devons viser au point de vue militaire et politique.

Si vous vous rappelez quel est le but que j'ai assigné à nos desseins, vous vous rendrez immédiatement compte de l'importance que l'on doit attacher à l'organisation militaire de la possession. Il faut, en effet, fonder un établissement assez fort pour se défendre sans aide contre les troubles intérieurs et les attaques du dehors, même contre les attaques d'un ennemi européen, de manière à se passer en toutes circonstances du secours de la mère-patrie. Il faut encore doter la mère-patrie de forces militaires auxiliaires des besoins de sa politique générale, qui ne lui coûtent pas un sou, qui ne l'obligent pas à distraire un homme ou un matelot de son armée d'Europe. Pour exécuter un tel plan qui peut paraître ambitieux et qui jure singulièrement avec nos traditions historiques, il est donc nécessaire de disposer de forces militaires respectables et bien organisées.

Eh bien ! je prétends que nous pouvons, non demain, mais après-demain pour ainsi dire, arriver à posséder en Indo-Chine une armée indigène, encadrée, de 40 à 50,000 excellents soldats, une flottille appropriée à tous les besoins de la possession, et une police de 20 à 30,000 hommes, non compris 8 à 10,000 hommes de troupes européennes entretenues par la possession et ne dépendant que de la possession. Que ces chiffres ne vous effraient point : je vous démontrerai que nous pouvons facilement les obtenir, assez vite, et, du reste, si l'on veut bien réfléchir au nombre total des indigènes et à l'étendue du territoire, on conviendra qu'ils n'ont rien d'exagéré. Le mode de recrutement imaginé par les Annamites, système admirable de domination, le plus savant peut-être, je le dis encore, que jamais peuple ait inventé, car il transforme chaque soldat en un ôtage aux mains de l'administration, doit être seul appliqué, à l'exclusion des engagements volontaires, qui ne peuvent d'ici longtemps donner que de mauvais résultats.

Notre plan comporte également la construction de forts ou de camps retranchés, la constitution d'arsenaux bien approvisionnés d'armes, munitions, vivres et équipements de rechange.

Quant à l'organisation technique de ces forces militaires et navales, ce n'est ni le lieu ni le moment d'en présenter le détail. Je dois dire seulement comment je comprends leur distribution sur le territoire et énoncer certains principes fondamentaux qui ont, en matière de domination, une importance capitale.

Pour éviter des critiques faciles, je dois d'abord faire remarquer qu'il n'est aucunement besoin d'être militaire pour se permettre de donner un avis utile; qu'il ne s'agit pas ici de faire de la stratégie et de la tactique, mais d'étudier plutôt un problème d'ordre politique et civil, dont la solution exige avant tout la connaissance géographique du pays, celle des tendances et des habitudes d'esprit, du *fonds moral* des indigènes, et qui demande des réflexions prolongées, d'une part, sur le but que nous avons à poursuivre, de l'autre, sur les résistances ou les dangers que nous avons à conjurer.

Ces forces militaires et de police répondent à deux préoccupations distinctes. La police, organisée comme une sorte de gendarmerie, placée sous les ordres immédiats et exclusifs de l'autorité civile, est destinée à prévenir les désordres intérieurs et au besoin à les réprimer. Elle suffit parfaitement à ce rôle, et laisse à l'armée proprement dite toute sa liberté d'action et toute son efficacité pour le jour du combat. Celle-ci, sous les ordres d'un officier général, placé lui-même sous l'autorité civile suprême, n'a pas besoin d'être disséminée dans l'intérieur du pays. Indépendamment de quelques détachements dans les villes principales et les ports de la côte, elle doit être rassemblée sur les frontières, en des points stratégiques bien choisis, dans des localités autant que possible d'une certaine altitude et d'une salubrité exceptionnelle, dans des forts ou des cantonnements où les troupes n'aient que peu de contact avec les populations.

C'est qu'en effet, je suis loin d'être partisan du système que nous avons toujours trop de tendance à suivre, celui des petits postes détachés, et si l'on m'opposait mon incompétence en pareille matière, je répondrais que j'ai pour moi des autorités militaires de la plus grande valeur, telles que Gouvion-Saint-Cyr, le maréchal Bugeaud et bon nombre d'officiers contemporains. Permettez-moi, à ce propos, une courte citation, que j'emprunte au livre récent de M. Camille Rousset *(L'Algérie, de 1830 à 1840)*, ouvrage qui vient à son heure, car il fourmille de comparaisons fécondes et d'enseignements précieux. Voici ce que disait Bugeaud : « Il y a encore un système qu'il faut « abandonner, c'est le système de la multiplication des postes. « Je n'en connais pas de plus déplorable. *Il nous a fait un « mal affreux*......... Les postes retranchés commandent seu- « lement la portée du fusil........., tandis que la mobilité « commande le pays à vingt ou trente lieues..... » — Je remarque encore que les garnisons solides, surtout les garnisons européennes, placées à la périphérie des territoires à surveiller, par conséquent sur les derrières des populations conquises, exercent sur celles-ci une action beaucoup plus grande, en leur inspirant un sentiment d'insurmontable appréhension. Nous n'avons, à ce propos, qu'à étudier, au surplus, les leçons qui nous ont été laissées par le peuple le mieux fait pour nous instruire, les Romains. Si nous examinons les procédés de leur domination

en Algérie, nous voyons que les légions étaient cantonnées non
sur les bords de la mer, non pas dans le Tell, mais dans le Sud,
sur les confins du désert lui-même. Les tombeaux, les ruines
des temples ou des thermes, les inscriptions recueillies aujour-
d'hui en grand nombre, nous prouvent que les légions y ont
tenu garnison pendant des périodes très prolongées. De même,
en Egypte, c'était aux frontières du Soudan, au delà des premières cataractes, que les Romains gardaient le delta. Le même
principe encore fut appliqué par eux en Gaule et en Germanie.
C'était aussi sur l'Euphrate qu'ils gardaient l'Asie-Mineure. C'est
un système analogue que suivent aujourd'hui les Anglais dans
l'Inde. Presque toutes leurs forces militaires européennes sont
concentrées dans l'extrême Nord-Ouest de l'Inde, autour de
Simla, au point de partage des deux grands bassins de l'Indus
et du Gange, prêtes à se porter soit dans l'intérieur du pays,
soit à la frontière afghane.

Nulle part, à l'intérieur des provinces, nous ne voyons de
postes retranchés sans consistance. Les troupes indigènes sont
rassemblées par fractions solides, et toujours en des points
éloignés de la masse des populations. Les officiers n'ayant à
s'occuper que des questions militaires, aucun conflit ne peut
s'élever entre eux et les autorités civiles : considération d'une
immense importance, surtout si on l'applique à nous-mêmes.
Chacun sait que l'état des choses laisse encore aujourd'hui
beaucoup à désirer sur ce point, au Tonkin, en Annam, et
même en Basse-Cochinchine......

Mais, quant à nous, le gros de nos forces doit faire face à la
Chine, car c'est de la Chine que peuvent venir les complications
les plus dangereuses. C'est pour cela qu'au lieu de lui permettre de nous menacer chez nous, comme elle l'a fait jusqu'ici
et comme on semblait vouloir lui en donner les moyens par
cette singulière conception de la zone neutre, il faut au contraire
prendre barre sur elle, en lui faisant comprendre à quel immense
danger elle s'exposerait si elle se laissait aller, une occasion
favorable se présentant, à la tentation d'une entreprise armée
sur nos domaines.

Je veux être convaincu que la Chine ne garde contre nous aucune pensée d'agression, et les fonctionnaires impériaux les mieux placés et les plus éclairés savent parfaitement que nous ne nourrissons à l'égard du Céleste-Empire aucune idée hostile, puisque notre désir est d'entrer en relations commerciales suivies avec les provinces limitrophes du Tonkin. Mais n'est-il pas évident pour tout le monde que nous devons prendre nos précautions et que nous serions impardonnables de ne pas les prendre de la manière la plus efficace ? N'est-il pas certain que notre politique sera mieux assise et notre diplomaiie mieux armée, que notre administration marchera d'un pas plus sûr et plus rapide, quand nous serons protégés sur nos frontières du nord d'une façon dangereuse pour nos voisins immédiats. Ce sont là des vérités de bon sens sur lesquelles il est inutile d'insister. Or, ces problèmes sont aisés à résoudre, car la disposition des frontières séculaires du Tonkin nous offre à ce point de vue des facilités précieuses.

Mais portons nos regards au-delà de la Chine, et supposons un instant qu'ayant réalisé notre programme, nous disposions de forces aussi sérieuses, et voyons ce qui se produirait. Placés comme nous le sommes à l'extrémité orientale du vieux monde, entre l'Inde anglaise, la Chine et les possessions Russes, appuyant notre armée et nos flottes sur un pays riche et étendu, qui nous offre en outre la précieuse ressource de mines de charbon, exploitables sur la côte elle-même et facilement défendables, la rivalité de la Russie et de l'Angleterre venant à s'accentuer, notre alliance ou même notre neutralité devient excessivement précieuse pour les deux adversaires, et pour obtenir notre simple bienveillance, les deux puissances sont amenées à nous faire l'une et l'autre des concessions, des avances, des promesses, dont nous pouvons tirer, en *Europe même*, un incomparable parti. Ce sont là, ce me semble, des vues qui méritent de sérieuses réflexions : je vous demande la permission de me borner à ces vagues indications....

Rappelons-nous encore la conduite des Anglais. C'est avec leurs cipayes de l'Inde qu'ils nous ont pris Maurice et les Seychelles ; c'est avec leurs cipayes qu'ils ont fait la guerre d'Egypte, celle du Cap, celle de Birmanie, toutes leurs guerres extérieures. — Sans doute, nous n'avons pas le dessein de conquérir d'autres possessions, et celles que nous avons suffisent à nos activités. — Mais nous avons des entreprises engagées à soutenir, Madagascar, par exemple. Or, il n'était pas nécessaire d'atteindre les effectifs que j'ai cités pour utiliser les soldats annamites dans la grande île africaine. Avec cinq ou six mille soldats annamites, qu'on aurait pu former dans ce but spécial depuis au moins deux ans, et qu'il suffisait de deux transports pour amener à Madagascar, la marche sur Tananarive, réclamée par les hommes les plus compétents, serait de longue date un fait accompli et sans avoir presque rien coûté au contribuable français.

Soyez persuadés que parmi les hommes d'État anglais, avec leur expérience de ces problèmes, il en est qui se sont inspirés de réflexions analogues quand ils ont fait en Chine et dans la presse du monde entier une opposition si caractérisée à notre intervention en Indo-Chine.

Mais, me dira-t-on, pour arriver à l'exécution de ces vues, à la mise en pratique de ces conceptions, il faut des sommes considérables, d'énormes budgets. Puisque vous prétendez ne rien demander à la métropole et au contribuable français, comment espérez-vous les obtenir ? C'est à ces questions que je vais répondre.

Il nous faut, en premier lieu, évaluer les recettes de l'Indo-Chine unifiée. Examinons d'abord le Tonkin, qui, par son étendue et par la masse de ses populations présente une importance de premier ordre. Nous n'avons malheureusement, même à l'heure actuelle, que des éléments d'appréciation trop insuffisants sur ses revenus pour qu'ils puissent servir de base exacte à nos calculs. Mais nous savons que le Tonkin fournissait au trésor annamite une somme *officielle* de 21,000 ligatures, soit environ 17 millions de francs. Il serait certainement légitime d'ajouter à ce chiffre plusieurs millions accaparés au passage par les mandarins de la Cour ; mais prenons les choses telles qu'elles sont, et comparons le Tonkin à la Basse-Cochinchine sous l'ancien régime.

Avant notre arrivée, la Basse-Cochinchine était incapable de fournir à Hué plus de un million et demi, d'autres disent deux millions de francs, non pas en argent, mais en riz et en sapèques de zinc. Aujourd'hui, elle possède un budget de 35 millions, toujours en voie d'accroissement. Or, la Cochinchine compte moins de deux millions d'habitants ; un calcul de proportion très simple, en prenant comme base l'évaluation la plus modérée du nombre des habitants du Tonkin, soit 10 millions, et même en réduisant l'autre terme de comparaison, le budget de la Cochinchine, à 30 millions, nous montre que le Tonkin doit arriver à nous fournir un budget de 150 millions de francs. Mais je prétends que le Tonkin progressera beaucoup plus vite que la Cochinchine, parce que sa population, moins exclusivement agricole, beaucoup plus *industrielle* que celle de cette région, est plus travailleuse, et, vivant sous un climat plus variable, a plus de besoins que celle du delta du Mé-Không ; parce que les productions de la Basse-Cochinchine se réduisent presque exclusivement au riz, culture pauvre, exigeant cependant beaucoup de main-d'œuvre et qui restera nécessairement toujours le monopole de l'indigène. Le Tonkin, au contraire, ainsi que plusieurs régions de l'Annam, offre des sols beaucoup plus variés que ceux de la Basse-Cochinchine, sols capables de fournir à l'exportation, à la consommation intérieure et à celle de l'immense et insatiable marché voisin, c'est-à-dire à la Chine, des produits beaucoup plus riches et beaucoup plus recherchés que ceux de Saigon et de Cholon. En outre, le Tonkin possède une supériorité inestimable sur le sud de la presqu'île, et même, remarquons-le bien, sur les pays les plus favorisés de l'Inde et de la Birmanie : c'est qu'il n'a pour ainsi dire pas de saison sèche, et que pendant la période la moins arrosée de l'année, qui est en même temps la saison froide, le soleil y est voilé par des brumes bienfaisantes. Il en résulte qu'au Tonkin toutes sortes de cultures, qu'on ne peut entreprendre au Bengale, par exemple, qu'au prix d'irrigations extrêmement coûteuses, sont possibles avec des frais exceptionnellement bas. Enfin, n'oublions pas le sous-sol, ou ses gisements métalliques et ses houilles. Des métaux, je ne dirai rien, parce que nous sommes encore trop mal renseignés sur leur valeur ; mais les houillères paraissent de bonne qualité et offrent des facilités d'exploitation qui se présentent rarement. Sans parler de leur utilité au point de vue militaire, — considération qui exige des précautions spéciales et une grande sévérité dans leur mode de concession et d'exploitation — ces houillères peuvent largement contribuer à la fortune du Tonkin, en fournissant à bon compte la force motrice à une foule d'industries européennes qui se développeraient difficilement sans elles, car le charbon de terre venu d'Europe ou d'Australie coûte très cher en Extrême-Orient, en dépit de l'abaissement des prix de transport. Nos charbons appelleront encore dans nos ports un grand nombre de navires, toujours sûrs d'y trouver un fret précieux pour la Chine, les Philippines, les Iles-Néerlandaises, etc...

De plus, sans vouloir prétendre que le Tonkin puisse jamais devenir une *colonie* au sens exact du mot, on remarquera cependant que, grâce à l'abaissement notable de la température hivernale, à la variété des produits indigènes, à l'altitude et à la salubrité de certaines stations, à l'abondance de la main-d'œuvre, ce pays permet aux Européens une activité plus grande que dans le Sud et la surveillance directe d'exploitations rémunératrices, telles que les plantations de thé, de café, de pavot, de végétaux textiles et tinctoriaux, opérations qui, toutes viennent augmenter les transactions de toutes sortes, donner l'essor à une quantité d'entreprises qui se traduisent par un accroissement considérable des revenus indirects.

Pour toutes ces raisons, en faisant même abstraction du transit avec le Yun-Nan et les deux Quang, je ne crains pas d'être démenti par l'expérience en affirmant que *si le Tonkin est bien administré*, il nous fournira à lui seul environ 200 millions ;

et il ne nous sera sans doute pas nécessaire d'attendre pour cela vingt années, comme en Cochinchine.

Quant à l'Annam, je n'ose le faire entrer en ligne de compte, et je suis disposé à croire qu'il équilibrera seulement nos dépenses, tant que nous serons obligés de le laisser à l'administration indigène en exerçant sur elle un contrôle plus ou moins inefficace. Plus tard, les choses changeront, car l'Annam est un pays riche, à productions variées, où l'on trouve, symptôme intéressant, de grandes colonies chinoises. Il possède des ports excellents et nous réserve bien des surprises.

La Cochinchine a déjà, ai-je dit, plus de 30 millions de ressources annuelles. Le Cambodge pourra donner bientôt 8 à 10 millions. [Nous arrivons donc à un chiffre voisin de 250 millions qui pourrait être atteint d'ici à une quinzaine d'années peut-être, si l'on applique à ces pays des principes rationnels de domination.]

Messieurs, avec 250 millions de francs, on fait bien des choses, quand on est sage, quand on sait exactement ce que l'on veut et qu'on est sûr d'avoir tous les ans une pareille somme à sa disposition.

Quant aux dépenses, n'oublions pas qu'elles ne croissent point en raison de l'étendue du territoire et du nombre des administrés, mais qu'au contraire elles se réduisent proportionnellement à ces facteurs. Une petite possession comme Saigon coûte infiniment plus cher, toute relation gardée, qu'un empire, et cela se comprend sans longues explications. Il faut, en effet, constituer tous les services dans une petite possession comme pour une grande, et le nombre des états-majors reste presque le même : il n'y a d'augmentation que dans les rangs subalternes des divers services. Les marchés passés pour de grandes quantités de matériel, de fournitures, etc., sont bien plus avantageux; l'appel des capitaux, bien plus considérable, les rend moins chers, etc. Avec l'unité de l'Indo-Chine, nous pouvons aussi refondre l'administration coûteuse et compliquée de la Cochinchine, employer pour toute l'Indo-Chine les fonctionnaires en nombre exubérant qui grèvent sa fortune, etc., etc.

Je ne puis avoir l'intention, dans un entretien comme celui-ci, d'établir de toutes pièces le vaste budget que comporte l'Indo-Chine unifiée, et je dois me borner à des indications très sommaires.

Nous pouvons admettre cependant :

50 à 60 millions	pour l'armée et la marine ;
30	—	pour le gouvernement et l'administration civile ;
15	—	pour la police ;
10	—	pour l'instruction publique ;
5	—	pour les postes et télégraphes ;
50	—	pour les travaux publics.

160 à 170

Nous n'arrivons encore qu'à une somme de 160 à 170 millions, qui nous laisse une marge considérable pour les services secondaires, tels que les douanes, le trésor, le paiement des annuités d'une dette ou d'avances obtenues d'une manière quelconque, etc., etc.

On voit que l'Indo-Chine peut supporter facilement un emprunt et s'en libérer dans de bonnes conditions. Car, en énonçant tous ces chiffres, je n'ai pas l'intention de soutenir, je le répète, que nous les réaliserons tout de suite ; je pense qu'il nous faudra les attendre environ une quinzaine d'années, et cependant, il serait bien désirable pe pouvoir constituer rapidement l'armée, la marine et la police dont nous avons besoin le plus tôt possible pour parer à toutes les éventualités, de construire sans perdre de temps les fortifications, les routes, les canaux, ponts et chemins de fer les plus indispensables, les bâtiments militaires et civils, les hôpitaux, nécessaires pour abriter nos administrations, nos soldats et nos malades ; enfin, pour mettre le pays en valeur, le doter d'un coup de tout l'outillage qui lui manque, etc., etc... — Et pour obtenir tous ces résultats, il faut nécessairement avoir recours soit à un emprunt, soit à d'autres procédés financiers, si l'on en trouve de plus économiques et de plus avantageux que l'emprunt.

En ce qui concerne l'emprunt, on sait que la Cochinchine offre de faire à son compte un emprunt de 100 millions, qu'elle se fait forte de trouver au taux de 5 1/2. En vérité, est-il possible de faire mauvais accueil à une telle bonne volonté? La Cochinchine et son conseil colonial ont assez fait pour l'Annam, le Tonkin et le Cambodge, pour avoir acquis le droit de réclamer la préférence. C'est la Cochinchine qui a pris à son compte la dette du Trésor annamite à l'Espagne ; c'est elle qui a subventionné les lignes annexes des Messageries maritimes desservant l'Annam et le Tonkin, qui a payé le câble réunissant Saigon à Haïphong et Haïphong à Hong-Kong, qui a prêté sans compter ses soldats et son matériel, qui avait fait les fonds de premier établissement au Binh-Thuan, qui a pacifié avec ses propres moyens les provinces au sud de Hué, qui a fait au Cambodge des avances considérables etc., etc., ce sont là des mérites dont il n'est que juste de se souvenir avec reconnaissance.

Il doit toutefois rester, bien entendu, que si la Cochinchine fait des avances encore plus grandes et s'impose des sacrifices encore plus lourds pour l'organisation du reste de l'Indo-Chine, cet argent ne doit pas être perdu pour son Trésor particulier ; que c'est une dette contractée vis-à-vis d'elle par les autres parties de l'Indo-Chine, et dont l'Indo-Chine devrait se libérer dans un temps plus ou moins long. Ce sont là des détails que je ne puis vous présenter ni discuter devant vous. Il ne faut retenir que le principe.

Je vais plus loin : J'admettrais parfaitement que l'Indo-Chine française fût considérée comme débitrice de la Métropole,— non pas sans doute de tout ce qu'elle nous a coûté, car il ne serait pas juste de lui faire payer les fautes commises — mais dans une mesure à déterminer, et qu'une rente fixe fût inscrite de ce chef au budget de la possession. Je crois celle-ci très capable de supporter cette charge, quand notre administration fonctionnera d'une manière normale.

Un autre procédé que j'ai proposé moi-même, consisterait à emprunter le nombre de millions qui nous est nécessaire, non plus en les demandant à la Cochinchine, mais en émettant un emprunt au nom de la Couronne d'Annam. Celle-ci en comprendrait certainement les avantages, dont le premier serait pour elle une garantie de durée. J'en vois un autre pour les capitalistes, c'est une absolue sécurité. En effet, pour les besoins de la discussion, admettons un instant la possibilité de voir nos conquêtes passer aux mains d'une autre puissance, ainsi que notre histoire coloniale en offre malheureusement de trop nombreux exemples. Il est vrai qu'avec la ligne de conduite que je défends, ce danger devient excessivement improbable ; mais enfin, les affaires et le patriotisme sont deux choses distinctes, et ce qui peut arrêter les capitaux, c'est précisément l'incertitude qu'autorisent jusqu'à un certain point l'indécision de notre politique extérieure et les propositions périodiques d'évacuation qui nous causent un si grand préjudice.

Avec le procédé que je ne fais ici qu'indiquer, n'est-il pas évident que s'il arrivait — chose inadmissible à nos yeux, mais peut-être plus admissible pour les capitaux — que nous perdissions l'Indo-Chine, la puissance qui se substituerait à nous serait obligée, non seulement par l'effet des usages internationaux, mais par le souci le plus immédiat de ses propres intérêts, de continuer toutes les entreprises commencées, de payer tous les porteurs d'emprunts, d'actions ou d'obligations de travaux publics, de désintéresser les fermiers dont elle ne voudrait point. C'est ce qui s'est produit partout à la suite des traités de 1815 ; c'est ce que les Allemands ont dû faire en Alsace ; c'est la conduite à laquelle nous avons nous-mêmes été obligés de nous conformer en Tunisie. — Les exemples de cette manière d'agir sont innombrables.

Enfin, si ce mot d'emprunt effrayait, il est encore permis de concevoir la possibilité pour l'Indo-Chine de contracter avec un grand établissement de crédit français, qui se chargerait de faire directement à la possession les avances qui lui sont nécessaires, en prenant dans le pays même les garanties qui lui paraîtraient les plus sûres, telles que les douanes, certains monopoles, etc., etc.

Ces divers procédés ont été expérimentés par les Anglais ; nous n'avons, ici encore, qu'à suivre leur exemple en recherchant avec soin quel est le *modus procedendi* qui concorde le mieux avec nos habitudes financières.

J'ajoute que l'emprunt, quelle que soit la forme adoptée, présente pour nous, Français, de très grands avantages : Ce qui manque et a toujours manqué à nos établissements coloniaux de nouvelle fondation, c'est la solidarité avec la mère-patrie, ce sont les capitalistes grands ou petits s'intéressant à son développement. L'emprunt ne peut manquer de créer immédiatement un courant puissant d'affaires, d'échanges, d'entreprises de toutes sortes entre l'Établissement nouveau et la Métropole, et par suite même, de constituer une sorte de surveillance permanente et de frein salutaire pour des administrateurs, quelquefois disposés, par leur éloignement et leur isolement même, à se laisser entraîner à certains abus de pouvoir.

En vous entretenant ce soir de l'Indo-Chine — Messieurs — je n'ai traité devant vous que les questions politiques et administratives ; car, suivant moi, le but que nous avons ici à poursuivre est, avant tout, politique, et c'est vers ce but politique que nous devons orienter notre organisation. Ceci ne veut pas dire, tant s'en faut, que l'Indo-Chine n'offre pas à nos activités commerciales et industrielles toutes sortes de perspectives fructueuses. Le temps me manque pour vous parler des richesses du Tonkin et de l'Annam, qui sont immenses. Il faudrait, pour les exposer, plusieurs conférences comme celle-ci ; mais soyez bien persuadés d'une chose, c'est que pour réussir au point de vue industriel et commercial, il faut d'abord que nous ayons pacifié entièrement le pays ; c'est à cette condition seule qu'il vous paiera à tous, contribuables et hommes d'affaires, les sacrifices qu'il nous a coûtés. Pour arriver à ce résultat, pour donner à nos acquisitions nouvelles, avec la paix et la justice, toute leur puissance de production, il faut les administrer suivant les principes que je vous ai exposés, principes rationnels, établis sur une longue et impartiale étude de l'Extrême-Orient et des races qui le peuplent, et aussi sur l'examen des procédés employés par les Anglais dans cette Inde qui possède aujourd'hui un budget presque équivalent à celui de la France et qui aurait pu nous appartenir, si le gouvernement de Louis XV avait su comprendre Dupleix et se montrer à la hauteur des circonstances.

Paris. — Imprimerie G. Pariset. 101, rue de Richelieu. — N° 70